끝까지 계속하게 만드는

아주 작은 반복의 힘

끝까지 계속하게 만드는

아주 작은 반복의 힘

로버트 마우어 지음 | 장원철 옮김

REPETITION

가장 단순하고, 가장 쉬운 것부터 시작하라!

REPETITION
REPETITION
REPETITION
REPETITION

스몰빅라이프

위대한 성과는

소소한 일들이 모여

조금씩 이루어진 것이다.

_ 빈센트 반 고흐

추천사

아주 작게 시작해야 실패하지 않는다

인생의 새로운 계기가 주어지는 때가 오면, 예를 들어 새해가 시작되거나 새 학기가 시작됐을 때, 혹은 군대를 제대하거나 결혼을 하게 됐을 때가 되면 우리는 새로운 각오와 결심을 한다. 성적이 만족스럽지 못한 학생은 점수를 올릴 결심을 하고, 불어난 몸무게 때문에 고민인 사람은 다이어트 결심을 한다. 벌어들인 돈이 어디로 새는지 모르겠다는 사람은 절약이나 저축을 결심하고, 음주와 흡연으로 건강이 나빠진 사람은 금주와 금연을 결심한다. 그런데 이들의 결심은 과연 얼마나 지속될까?

미국에서 실시한 한 조사에 따르면 새해 결심이 성공할 확률은 8%에 불과하다(응답자들이 자존심 때문에 답변 내용을 부풀렸을 가능성이 있으므로 실제 성공 확률은 이보다 훨씬 더 낮을 것이다). 결심을 한 사람들의 25%는 1주일 안에 포기했고, 30%는 2주일 안에 포기했으며, 한 달 안에 반 가까이가 포기했다고 한다. 작심삼일까지는 아니지만 작심 30일 안에 절반 정도가 목표를 포기했고, 결국 연말에 가서 결심을 이룬 사람은 10명 중 한 명도 채 되지 않았다. 무엇이 잘못된 것일까?

이 책의 저자에 따르면 결심이나 목표 자체가 잘못됐기 때문은 아니다. 그 결심을 실행하는 방법이 틀렸기 때문이다. 예를 들어 초등학생 수준의 영어도 되지 않는 사람이 고등학생 수준의 영어책으로 공부하거나, 다이어트를 하겠다면서 안 하던 운동을 매일 두세 시간씩 한다거나, 하루 천 원도 아끼기 힘든 사람이 만 원씩 아끼겠다는 것은 성공이 아닌 실패를 보장받는 지름길이다.

그렇다면 자신이 할 수 있는 수준에 맞춰 계획을 세워 실천하면 된다는 말인가? 이 책에서 제시한 답이 그 정도라면 너무 뻔한 책이 아닌가? 맞다. 그런 식의 뻔한 답을 얘기하는 내용의 책이라면 이 책을 볼 필요가 없다. 이 책은 그 지점에서 한 발이 아니라 세 발 정도 더 나아간다.

저자가 제시하는 전략이란 이것이다. 만약 영어 실력을 올리는 것이 목표인데 자신의 수준이 중학생 수준이라고 생각한다면 (실제로는 중학생 수준도 되지 못할 가능성이 크다. 우리들 대부분은 자기 자신에 대해 늘 과대평가하는 경향이 있기 때문이다), 중학생도 아니고 초등학생도 아닌 유치원생 수준에서 출발하라는 것이다. 좀 황당한 처방인가? 그건 너무 쉬워서 결심조차 필요 없는 일이라고 생각되는가? 맞다. 저자가 노리는 것이 그것이다. 그건 결심조차 필요 없어 보이는 방법이다. 너무 쉬워서 실패할 가능성조차도 없을 듯하다. 하지만 그렇게 하면 분명 유치원과 초등 영어를 순식간에 돌파하면서 영어에 대한 자신감과 재미를 얻게 될 것이 거의 확실하다. 그리고 그 자신감과 재미는 지속적으로 영어에 관심을 갖게 하고 계속해서 영어의 수준을 높여 갈 것이다.

건강이나 다이어트를 위한 운동은 또 어떠한가? 하루는커녕 일주일에 30분도 운동을 하지 않던 사람이 갑자기 하루 한두 시간씩 운동을 한다면 한 달 안에 포기하는 것이 오히려 정상이 아닐까? 이 책의 저자는 그런 사람에게는 하루 1분의 운동으로 시작하라고 권한다. 그것도 텔레비전을 보면서. 그조차도 힘들다면 그냥 1분 동안 서 있기만이라도 하라고 한다. 그게 무슨 운동이냐고? 그게 무슨 효과가 있겠느냐고? 하지만 생각해 보라. 집에만 가면 밥 먹고 누워 TV나 보면서 소파나 침대를 뒹굴던 사람이 매일같이 1분 동안 서 있을 수 있다면 오히려 그것이 획기적인 변화 아닌가? 그런데 그 변화 또한 너무 쉬워서 도저히 실패할 수가 없다. 실패를 하지 않으니 점점 재미가 붙고 다음 단계로 올라가고 싶은 욕구가 생긴다.

이렇게 헛웃음이 나올 정도로 아주 작게 시작하고 반복하라는 '스몰 스텝 전략'은 단순히 저자의 개인적 경험에서만 나온 것이 아니다. 그는 UCLA 의과대학 교수로 수십 년 동안 그가 상대한 환자나 고객을 통해 스몰 스텝 전략을 임상으로 증명했고, 그것은 또한 명확한 과학적 근거를 가지고 있다. 본문을 읽어 보면 자세히 알 수 있겠지만, 우리 뇌는 변화를 무척이나 싫어한다. 뇌의 입장에서 환경이나 상황이 변하는 것은 생존이 위협받는다는 신호이기 때문이다. 이런 까닭에 변화가 급격하고 과격할수록 뇌의 저항 또한 강렬하고 격해진다. 그래서 우리는 변화를 위해 뇌를 속일 필요가 있다. 뇌가 변화라는 것을 인지하지 못할 정도로 변화의 정도를 아주 가볍고 작게 하는 것이다. 거기에 더해 그 미미한 변화가 재미있는 것이라면 금상첨화다. 뇌가 재미있는 것에 대해서는 맞서 싸워야 할 적이 아니라 함께 놀고 싶은 친한 친구처럼 반응하기 때문이다(그런데 재미있는 것들 또한 대부분 가볍고 작고 소소한 것들이다).

어떤 결심이나 목표가 실패하는 이유는 스스로에 대한 과대평가와 과욕 때문이다. 우리는 스스로의 수준이나 능력에 대해 과대평가하는 경향이 강하다. 특히 그 수준이나 능력이 낮은 것에 대해서는 더욱 인정하고 싶지 않아 하고 외면하려 한다. 자기 자신에게도 부끄럽고 남 보기에도 창피하기 때문이다. 그래서 우리는 어떤 목표를 세운 후 자기 자신의 수준에 맞춰 혹은 그 수준보다 약간 높여서 실행한다고 생각하지만, 사실 그 수준은 대부분 약간 높은 정도가 아니라 매우 높은 것이고, 그에 따라 뇌의 저항은 강력해진다.

수준을 높여 실행하려는 욕구는 다른 한편 과욕 때문이다. 속도가 경쟁력이라고 떠들어 대는 시대에 사람들은 결과를 빨리 보고 싶어 한다(스마트폰과 SNS가 널리 퍼지면서 결과를 빨리 보고 싶어 하는 욕구가 더욱 강해지는 듯하다). 하지만 슈퍼컴퓨터로 계산을 한다 해도 어떤 사람이 세운 목표가 언제 달성될지는 알 수 없는 일이다. 사람마다 능력이나 자질, 체력이 다 다르고, 한 사람을 놓고 볼 때도 시기나 여건에 따라 또 달라지기 때문이다. 그래서 자신의 목표 달성 속도는 실행을 해 가면서 자신만이 느끼고 감지할 수 있다(목표 달성의 기한을 정해놓은 것 자체가 잘못됐다는 말이 아니다. 하지만 기한보다 중요한 것이 적절한 방법이라는 사실을 간과한다면 그 기한은 무한정 길어지거나 무용지물이 될 수 있다).

이 책의 저자가 되풀이해 주장하듯 중요한 것은 속도가 아니다. 속도에 치중하고 매달리게 되면 중심을 잃고 넘어지기 십상이고, 목표 달성은커녕 퇴보로 이어질 가능성이 크다. 그래서 자신의 능력이나 자질, 체력을 잘 알 수 없다면 너무 쉬워서 실패할 수 없을 정도로 작고 낮은 수준에서 시작해야 한다. 그래야 흥미와 재미를 붙일 수 있고, 그 흥미와 재미는 진행의 속도를 점차 높여줄 것이며, 궁극적으로는 목표 지점에 더 빠르게 도착할 수 있도록 만들어줄 것이다.

이 책에서 제시하는 방법은 변화를 원하는 모든 이들에게 적용될 수 있다. 성적을 올리려는 학생에게도, 불어난 몸무게를 줄이려는 사람에게도, 인간관계를 개선하고 싶은 내성적인 사람에게도, 연봉을 올리고 싶은 직장인에게도, 매출과 이익을 늘리려는 사장님에게도, 심지어 정책 수립과 실행에 애를 먹는 지자체나 정부 기관에도 이 책은 유용할 것이다. 그 바꾸고 싶은 내용이 다를지는 몰라도 아주 작은 것에서 출발해야 더 빠르게 성공할 수 있다는 변화의 원칙은 동일하기 때문이다. 이 책을 통해 변화를 꿈꾸는 모든 이들이 그들의 소망을 꼭 이룰 수 있기를 진심으로 바란다.

김이율(『가슴이 시키는 일』 저자)

차례

| 프롤로그 | 큰일을 해내는 최고의 방법은 아주 작은 일의 반복이다 014

(((1장))) 실패를 사라지게 만드는 '작은 반복'의 힘

변화를 싫어하는 건 뇌의 본능이다 033
작게 시작하면 두려움이 사라진다 037
심리적 저항을 없애주는 스몰 스텝 전략 042
하던 대로 하면 절대 변할 수 없다 046

(((2장))) 뇌를 즐겁게 만드는 '작은 질문'의 힘

질문이 쉬워야 답하기도 쉬워진다 053
하지 말고 되게 하라 058
즐거운 일에는 노력이 필요 없다 063
큰 목표일수록 잘게 쪼개서 접근한다 067
두려움을 없애주는 작은 질문들 072
뇌를 긍정적으로 프로그래밍하는 방법 080
해결책은 아주 사소한 것에 있다 087

(((3장))) 꿈을 현실로 바꾸는 '작은 생각'의 힘

상상과 현실은 한 끗 차이다 095
하루에 딱 30초만 상상하라 101
장애물을 없애는 마음 조각법 108
15초만 해도 충분하다 112

(((4장))) 포기하지 않게 만드는 '작은 행동'의 힘

쉬우면 실패할 수 없다 119
시간과 비용을 동시에 줄이는 방법 123
작심삼일이 반복되는 이유 128
한 번 해내면 두 번째부터는 쉬워진다 132
작게 움직이면 끝까지 갈 수 있다 139
사소하면 사소할수록 좋다 144
더 작을수록 더 좋다 150

(((5장))) 큰 문제를 미연에 방지하는 '작은 해결'의 힘

작은 사고가 모여 큰 사건이 된다 157
큰 사건을 미연에 방지하는 방법 163
잘게 나눌수록 품도 덜 들어간다 168
처음부터 큰 문제는 없다 175
아주 단순한 것부터 해결하라 182

(((6장))) 의욕을 고취시키는 '작은 보상'의 힘

말 한마디가 천 냥 빚을 갚는다 189
작게, 자주 보상하라 195
보상이 적절할수록 인생이 즐거워진다 200

(((7장))) 인생을 빛나게 만드는 '작은 순간'의 힘

작은 순간이 모여 결정적 순간이 된다 207
커다란 행복은 작은 기쁨에서 시작된다 212

| 에필로그 | 우리는 모두 위대한 잠재력을 가지고 있다 217

프롤로그

큰일을 해내는 최고의 방법은 아주 작은 일의 반복이다

심리학과 의학에 종사하는 대부분의 사람들은 사람들이 왜 병에 걸리고, 왜 인생에서 어려움을 겪는지 연구하는 경향이 있다. 하지만 심리학자로서 나는 항상 그 반대편에 호기심을 갖고 있었다. 10파운드(약 4.5kg)를 줄이는 데 성공한 사람이 그 상태를 줄곧 유지하고 있다는 이야기를 들었을 때 나는 어떻게 그가 그럴 수 있는지 궁금했다. 수년 동안 외롭게 지내던 사람이 행복한 사랑을 만났을 때도 마찬가지다. 그에게 그런 행복을 안겨다 준 것은 무엇인지 호기심이 생겼다. 어떤 기업이 50년 동안 정상의 자리에 있을 때도 마찬가지다. 나는 인간의 삶에 이런 식의 성공을 가능하게 하는 요인이 무엇인지 늘 알고 싶었다. 그래서 심리학자로서 줄곧 내 호기심을 붙들고 있던 질문은 다음 두 가지였다.

- 사람들은 어떻게 성공하는가?
- 성공한 사람들은 어떻게 그 성공을 유지하는가?

물론 성공한 사람의 숫자만큼이나 성공하는 방법은 다양할 것이다. 그러나 심리학자로서 22년 동안 일해 오면서 나는 많은 고객들이 한 가지 특별한 방법을 이용하여 자신의 삶을 지속적으로 변화시키는 모습을 지켜보았다. 그들은 자신의 삶을 향상시키기 위해 단순한 원칙들을 적용했다. 그 원칙을 통해 그들은 다이어트에 성공한 후 계속 날씬한 몸매를 유지했으며, 한번 시작한 운동을 습관으로 정착시켰고, 여러 가지 중독에서도 벗어났다. 또 좋은 인간관계를 맺은 후 그것을 지속적으로 이어갔고, 정신없이 바쁠 때도 허둥대지 않고 자신의 일을 체계화할 수 있었고, 자신의 경력을 성공적으로 이어갔다.

만약 당신이 자신의 삶을 변화시키고 또 그 변화를 지속시키고자 원한다면 내가 소개할 방법을 적용해 보길 바란다. 이 방법은 성공한 기업들 사이에 수십 년 동안 적용돼 온 방식이며, 성공적인 삶을 이어가는 일반인들도 매일 사용하는 전략이다. 어떤 목표를 성취하고 성공적으로 이어가기 위한 이 전략은 자연스럽고 또 우아하기까지 하여 아무리 바쁘게 살아간다 할지라도 쉽게 적용할 수 있다. 이제 이 책을 읽는 당신과 이 비밀을 공유하고자 한다. 그 비밀을 공개하기 전에 먼저 줄리를 만나 보자.

줄리는 시선을 떨군 채 검사실에 앉아 있었다. 고혈압과 피로 때문에 UCLA 의료센터를 찾아 왔지만 가정의학과 레지던트와 내가 볼 때는 훨씬 더 심각한 문제가 있음을 알 수 있었다. 줄리는 두 아이를 기르고 있는 이혼녀였고, 그녀의 고백에 따르면 약간의 우울증이 있었으며 하루하루 삶에 짓눌려 있었다. 건강상태도 좋지 않아 일도 겨우 해내고 있었으며 몸무게는 정상보다 30파운드(약 13.6kg) 이상 더 나갔다 .엄청난 스트레스가 그녀를 당뇨, 고혈압, 심장병, 심각한 우울증의 위협으로 내몰고 있었다. 줄리의 삶에 변화를 주지 않는다면 그녀는 질병과 절망의 소용돌이 속으로 곤두박질할 것이 분명했다.

심리치료 요법에서 쓰이는 수십 통의 알약을 쓰지 않고도 줄리를 도와줄 수 있는 방법은 있었다. 텔레비전 뉴스나 신문에 자주 언급되는 것처럼 그것은 운동이다. 규칙적인 신체 활동은 그녀의 건강문제를 개선시키고, 힘든 하루를 이겨낼 수 있는 체력을 줄 것이고 원기를 북돋을 것이다.

옛날 같았다면 나는 돈도 안 들고 확실하기까지 한 이 방법을 열정에 가득 차 권유했을 것이다.

"조깅 하세요! 자전거도 타시고! 에이로빅 비디오도 빌리시고요! 점심식사 후 휴식 같은 것은 꿈도 꾸지 마시고, 필요하면 한 시간 일찍 일어나 운동하세요. 일주일에 다섯 번은 건강을 위해 투자하세요."

하지만 줄리 눈 밑의 다크서클을 보자 그럴 마음이 사라졌다. 운동하라고 말해 준 환자가 족히 수백 명은 됐지만 극소수만이 규칙적인 습관으로 만들었을 뿐이다. 시간도 많이 들고, 힘들 뿐만 아니라 어마어마한 노력까지 필요한 일이었다. 그들은 여태껏 안락했던 자기만의 삶의 방식이 깨지는 것이 두려웠는지도 모르겠다. 하지만 환자들 대부분은 두려운 것이 무엇인지도 몰랐다.

여기 앉아 있는 줄리도 마찬가지다. 그녀는 아이들을 먹이고 입히고 재우기 위해 이미 쉴 새 없이 일하고 있었다. 아마도 저녁마다 소파에 앉아 30분 정도 쉬는 것만이 그녀의 유일한 위안이었을 것이다. 이런 그녀에게 내가 운동하라고 하면 무슨 일이 일어날지 뻔했다.

"저더러 운동할 시간을 내라구요? 제 상황이 어떤지 전혀 이해 못하시는군요."

의사로서 자신의 조언이 이렇게 무시당하는 것도 속상한 일이다. 이런 상황을 자꾸 겪다 보면 차츰 냉소적으로 변해 간다. 젊은 의사들도 결국엔 그렇게 된다. 이 불행한 상황을 깨기 위해 나는 무엇을 할 수 있을까?

사람들은 변화를 원할 때 대개 '혁신 전략'을 먼저 떠올린다. 사람들은 '혁신'을 창조적인 파괴의 한 유형으로 생각하는 경향이 있다. 혁신이란 아주 격렬한 변화의 과정이다. 이상적인 경우, 혁신은 아주 짧은 시간에, 극적인 방향전환을 야기할 수 있다. 혁신은 빠르고, 거대하고, 격렬하게 일어나기에 아주 짧은 시간에 어마어마한 성과를 낼 수 있다. 비즈니스 세계에서 혁신이란 기술개발을 위한 엄청난 투자와 같은 긍정적인 전략과 함께 대량해고 같은 고통스러운 전략까지 포함한 것이다. 삶의 변화에 직면했을 때 혁신을 떠올리는 사람들도 이런 개념에 익숙하다. 삶을 변화시키기 위해 혁신의 전략을 사용하는 예들은 다음과 같다.

- 다이어트를 위해 좋아하는 음식을 단번에 끊는 것
- 중독에서 벗어나기 위해 급격한 금단 증상을 참아 내는 것
- 빚을 청산하기 위해 궁핍한 생활에 돌입하는 것
- 수줍음을 없애기 위해 모험적인 사교클럽에 가입하는 것

줄리에게 혁신을 적용해 보자. 만약 줄리가 몸무게를 줄이기 위해 빠르고 강력한 혁신 전략을 이용하고자 한다면 그녀는 아주 과격한 운동 프로그램부터 시작할 것이다. 하지만 이 프로그램에는 너무 많은 것이 요구된다. 줄리는 일주일에 5일, 하루 30분 이상 뜀박질을 해서 심박수를 늘려야 할 것이다. 또 그렇게 하기 위해서는 하루 일정을 새롭게 짜야 할 것이며, 운동 초기에 일어나는 근육통을 견뎌야 할 것이고, 새 옷과 신발도 사야 할 것이다. 무엇보다 줄리는 이 프로그램의 고통스러운 초기 단계를 지나 효과가 나올 때까지 전력을 다해야만 한다.

때때로 혁신은 엄청난 결과를 만들어 내기도 한다. 여러분들도 위에서 언급한 극적인 방식을 통해 성공적인 변화와 즉각적인 효과를 경험한 기억이 있을 수 있다. 예컨대 하루아침에 담배를 끊고 그 후 다시 흡연을 하지 않는 것처럼 말이다.

나는 우리 삶을 변화시키는 하나의 방법인 혁신에 갈채를 보

낸다. 단 혁신이 제대로 작동할 때만 말이다. 동전을 뒤집듯 삶을 전환시킬 수 있다는 것은 자신감과 자존감의 원천이 될 수도 있다. 하지만 반드시 그렇지만은 않다. 많은 사람들이 혁신만을 유일한 전략으로 믿는 나머지 좌절하고 마는 것을 나는 수없이 보았다. 그런데 사람들은 오랫동안 위험이나 문제점을 모른 척 해오다 어쩔 수 없는 상황에 내몰리게 되면 이를 단번에 해결하려고 한다.

교육수준이 높고 성공한 사람이라고 할지라도 혁신을 시도하다 실패한 경험이 있기 마련이다. 집중적인 다이어트가 실패로 돌아가고, 연인과의 관계회복을 위해 파리 여행과 같은 값비싼 일을 꾸미고도 관계회복이 되지 않는 것처럼 말이다. 이게 바로 혁신의 문제점이다. 단기간에 성공을 움켜쥐어도 처음의 열정이 식어 버리면 옛날 방식대로 돌아가는 일이 너무 잦은 것이다. 혁신은 경사가 급한 언덕을 향해 돌진하는 것과 비슷하다. 정상에 닿기도 전에 동력이 떨어지고, 급격하게 시작하는 것만큼 빨리 포기하게 된다.

이런 **혁신을 대체할 수 있는 다른 방법이 있다. 삶을 변화시키는 전혀 다른 전략이다. 아주 부드럽게 언덕을 올라가는 방법으로 언제 정상에 올랐는지 눈치 채지도 못한다. 협상하기에도 유**

리하고 발걸음도 가볍다. 필요한 것은 단지 앞을 향해 그저 한 걸음 한 걸음 내딛는 것밖엔 없다.

변화를 위한 대안적인 전략의 이름은 '스몰 스텝small step 전략'이다. 스몰 스텝은 익숙하면서도 아주 강력한 고대 격언에서 비롯되었다. 『도덕경』의 저자인 노자는 "천릿길을 걷는 것도 반드시 한 걸음을 떼는 것에서 시작한다."고 말했다.

지속적인 향상을 위한 스몰 스텝 전략은 대공황기 미국에서 처음으로 체계적으로 적용되기 시작했다. 1940년 프랑스가 나치 독일에 넘어갔을 때 미국의 지도자들은 연합국에 군사 장비를 긴급하게 지원해야 했다. 그들은 미군을 가능한 빨리 파병해야 했고, 탱크와 무기, 각종 지원품까지 수송해야 하는 압력을 받았다. 또 미국의 군수업체들은 군수품의 양과 질을 올려야 했다. 전시상황이라 시간도 촉박했다. 이 압력은 숙련된 감독관들이 미군으로 차출되어 가면서 더욱 격렬해졌다.

빠듯한 시간과 개별적인 제약을 이겨 내기 위해 미국 정부는 이름하여 산업체내부훈련원TWI이라는 관리자 양성과정을 만들어 중관관리자를 전미 지역에 파견했다. 이들 중 일부가 다른 시대, 다른 장소에서 스몰 스텝 전략을 적용하는 씨앗이 된다. 생산량을 맞추기 위해 급격하고 혁신적인 변화를 요구하는 대신에 TWI는 이른바 '지속적인 향상'을 가르쳤다. 관리자들에게 "전체적인 틀을 새롭게 설계하려고 시도하지 마라. 당장 개선시킬 수 있는 수백 가지의 작은 일부터 찾아라."라고 권고한 것이다.

처음 이들의 권고는 전시상황 속에서 부적합한 것처럼 보였다. 하지만 일선 노동자부터 최고 관리자들까지 생산성과 품질을 향상시킬 수 있는 아주 작은 방법을 찾기 위해 고무되어 있었다. 공장 바닥에 의견 수렴함이 놓였고 노동자의 아이디어는 중역진에게 곧바로 올라가 의무적으로 적용되었다. 우려와 달리 미국의 군수품 생산량은 놀라울 정도 상승하기 시작했다. 당시 미국 군수품의 품질과 생산속도의 향상은 연합국 승리의 주요 요인이기도 하다. 미국 대학 농구 역사상 가장 성공적인 코치로 자리매김한 존 우든은 이와 같은 점진적 전략을 차용하여 다음과 같이 말했다.

매일 조금씩 바꿔 나가라. 종국에는 큰 변화가 일어난다.
내일도 아니고 모레도 아니지만 결국에는 큰 것을 얻게 된다.
크고 빠르게 변하려고 하지 마라.
하루에 하나씩 작은 것부터 바꿔 나가라.

그것만이 변화하는 유일한 방법이다.

그렇게 해야 지속할 수 있다.

1980년대에 오면 스몰 스텝 전략은 미국에서 다시 기술집약적 산업에 적용된다. 나는 기업고문의 자격으로 수많은 사례를 지켜보았는데, 성공을 연구하는 사람으로서 아주 깊은 인상을 받았다. 이후 수십 년 동안 나는 스몰 스텝 전략을 개인의 성공에 적용하기 위해 탐구를 해 왔다. 내방자들과 상담하고 또 UCLA 의과대학 교원으로 일하면서 나는 자신의 삶을 바꿔야 할 필요가 있는 수많은 사람들을 만나 왔다. 나쁜 버릇을 없애고, 외로움을 덜고, 만족스럽지 못한 직장을 관둬야 하는 것과 같은 변화 말이다.

기업에 대해 내가 했던 일은 힘겨운 상황과 씨름하는 중역들이 그 일을 해낼 수 있도록 지지하는 역할이었다. 그들이 변화를 위해 과감하게 혁명적인 밑그림을 그리는 것을 수도 없이 지켜보았다. 어떤 이는 성공했지만 대부분은 그렇지 못했다. 종종 이렇게 실패한 사람들은 꿈을 좇기보다 감투상이나 받고 그만두려고 했다. 산업현장의 경험을 통해 나는 스몰 스텝 전략을 어떻게 이용해야 할지 고민했다. 스몰 스텝 전략을 단순히 이득이나 언는 전략으로 사용함으로써 심리학자의 사무실에다 가둬 둘 것인가, 아니면 인간의 행동과 인지능력, 영혼의 잠재력까지 확장시키기 위한 전략으로 발전시킬 것인가를 말이다.

줄리는 내게 스몰 스텝 전략으로 삶을 바꿀 수 있는 완벽한 후보로 보였다. 나는 줄리가 레지던트의 설명을 듣고 있는 것을 지켜보았다. 예상대로 레지던트는 줄리에게 그녀 자신을 위해 시간을 내 운동을 하라고 얘기하고 있었다. 레지던트는 줄리에게 적어도 하루에 30분은 에어로빅과 같은 운동을 하라고 말했다. 레지던트의 권고는 곧 줄리의 불신과 화를 자초할 것이 분명해 보였다. 내가 뛰어들 시간이 온 것이다.

"그 대신에 텔레비전 앞에서 걸어 보는 것은 어떤가요? 하루에 1분씩?"

레지던트는 어처구니가 없다는 표정으로 나를 보았다. 그러나 줄리는 환하게 웃으면 말했다.

"그 정도라면 할 수 있지요."

다음 방문 때 줄리는 정말로 매일 밤 텔레비전 앞에서 1분 정도 걷는다고 내게 말했다. 매일 60초 정도의 강도가 낮은 운동을 한다고 해서 그녀가 더 건강해지지는 않았을 것이다. 하지만 이 두 번째 방문에서 줄리의 태도가 바뀌었다는 걸 나는 알 수 있었다. 줄리는 운동 프로그램에 실패한 사람들처럼 낙담한 상태가 아니었다. 그녀의 말과 태도에 생기가 느껴졌다.

"하루에 1분씩 더 할 수 있는 게 뭐 또 없을까요?"

그녀가 물어 왔다. 정말 기분 좋은 순간이었다. 작은 성공일 뿐이지만 지금까지 내가 수없이 지켜보았던 의기소침한 표정보다는 나은 결과였다. 우리는 줄리가 천천히 건강한 삶을 향해 나아갈 수 있도록 이끌었고 운동습관을 들일 수 있도록 했다. 몇 달이 지나지 않아 줄리는 보다 체계적인 운동에 관심을 보였다. 그녀는 본격적인 유산소 운동을 하고 싶어 했고 실제로 규칙적이고 열성적으로 그것을 해냈다. 그 무렵 나는 의료센터를 찾아오는 고객들과 나를 고문으로 채용한 기업들에 스몰 스텝 전략을 소개하고 있었다. **내가 말하는 것들은 정말 사소한 변화였다. 처음엔 다소 부끄러울 만큼 작은 것들 말이다. 만족스럽지 못한 직**

장을 그만두라고 말하는 대신에 하루에 잠깐이라도 꿈에 그리는 직업이 어떤 모습일지 상상해 보라고 했다. 카페인 끊기를 원한다면 하루에 한 모금이라도 줄여 보라고 했다. 직원들의 의욕을 고취시키려는 경영진들에게는 큰 것이 아니라 아주 작은 것들에 대해 보상을 해 주라고 했다.

스몰 스텝 전략은 개인과 기업에서 다소 다른 양상을 보였다. 기업은 작은 변화가 조금씩 축적되어 큰 변화로 나아갔지만, 개인의 심리작용은 다소 다르게 나타났다. 나를 찾아오는 고객들의 상당수는 내가 수년 동안 관찰한 사실들을 거의 직관적으로 알고 있었다. 작은 변화는 성공과 창의성을 가로막는 마음의 장벽, 즉 두려움을 회피하는 데 도움을 준다는 사실 말이다. 텅 빈 주차장에서 운전연습을 할 때 처음엔 그냥 차에 앉아서 장비들을 만져 보고 그런 다음 잠깐 동안만 운전연습을 하듯, 나의 고객들은 안전하고 위협이 없는 환경에서 변화를 위해 아주 작은 첫 걸음부터 떼는 것을 배웠다.

대부분의 사람들은 긍정적인 행동방식에 마음이 움직이기 마련이다. 규칙적인 운동(줄리의 경우처럼), 다이어트, 책상 정리, 사랑하는 사람과 함께 시간 보내기처럼 스스로와 주변 사람들을 지지해 줄 수 있는 것들 말이다. 내 고객들은 의식적인 노력 없이

도 자신들이 원하는 목표에 도달했다는 것을 알고 놀라움을 금치 못했다. 어떻게 이런 일이 가능할까? 스몰 스텝 전략이 우리 뇌에 새로운 신경망을 만드는 데 놀라울 정도로 효과적인 방법이기 때문이다(이에 대해서는 본문에서 보다 상세히 다루기로 하자). 내 고객은 종종 이런 말을 했다.

"스몰 스텝은 너무 쉬워서 실패할 일이 없지요!"

대부분의 사람들은 자신의 건강과 인간관계, 경력 등이 나아지기를 바란다. 책에서 이 주제에 대해 많은 공간을 할애할 것이다. 그러나 내가 여기서 제시하는 원칙들은 어떤 프로젝트에도 적용될 수 있는 것들이다. 손톱 물어뜯는 습관을 끝장내고 싶은 경우에도, 시간만 잡아먹는 무의미한 요구들에 '노No'라고 말하는 것을 배우고 싶은 경우에도 가능하다. 변화를 위해 계획을 세우고 싶다면 마음속으로 작은 변화의 원래 의도가 무엇이었는지 생각하기 바란다. 스몰 스텝은 특정한 목표를 달성하는 데 매우 효과적이고 유쾌하기까지 한 방식이지만, 보다 심오한 도전으로 뻗어 나갈 수도 있다. 지속적으로, 하지만 조금씩 향상됨으로써 늘 변화를 요구하는 세상사에 맞서는 것 말이다.

지난 수십 년 동안 온갖 사람들과 관계를 맺어 오면서 다른 방식은 실패해도 왜 스몰 스텝 전략만큼은 제대로 작동을 하는지에 대한 이론을 만들어 왔다. 첫 번째 장에서 이 이론의 전체적인 면모를 설명할 것이다. 이어지는 장에서는 스몰 스텝 전략을 개인에게 적용하는 방식과 6가지 스몰 스텝 전략을 소개할 것이다. 6가지 전략을 요약하면 다음과 같다.

- 두려움을 몰아내고 창조력을 고무시키는 **작은 질문**을 던진다
- 새로운 기술과 습관을 개발하기 위해 **작은 생각**을 품는다
- 성공이 보장된 **작은 행동**을 시작한다
- 위기에 직면했을 때 **작은 해결** 방안을 마련한다
- 최고의 결과를 얻기 위해 스스로와 다른 이에게 **작은 보상**을 한다
- 모두가 무시하고 있는 결정적인 **작은 순간**을 찾아낸다

당신이 스몰 스텝 전략의 이론에 관심이 있든 실제적인 적용에 흥미가 있든, 당신이 바꾸고 싶어 하는 것이 세상이든 몸무게를 몇 파운드 빼는 것이든, 자신에게 맞게 이 책을 활용하면 된다. 분명한 것은 위에 소개된 6가지 전략 모두를 시도할 필요는

없다는 것이다. 나는 내 고객들이 6가지 중 두세 가지를 채택하여 자신에게 최적화된 프로그램을 만들었을 때 기분이 좋았다. 앞으로 소개될 장에서 사람들이 스몰 스텝 전략을 사용해 어떻게 최상의 결과를 얻게 되는지 설명할 것이다. 나는 독자들도 그들이 보여 주는 것과 동일한 방식으로 이 전략을 스스로에게 적용해 보길 권한다. 각 장에서 독자들은 특정 스몰 스텝 전략을 활용하는 방법을 만나게 될 것이다. 각자에게 맞는 방식을 찾아 적용하라. 변하는 것이 없을지라도 두려워 말자. 단 이것만은 기억하자. **발걸음이 작다 해도, 그 발걸음이 이룬 것은 작지 않다. 비록 작은 것으로 시작했지만 그 끝은 결코 작지 않다.**

1장

실패를 사라지게 만드는 '작은 반복'의 힘

모든 변화에는 그것이 긍정적일 때조차도 두려움이 따라온다.

급진적이고 혁명적인 방법을 통해 목표에 도달하고자 하는 시도들은

두려움까지 증가시키기 때문에 대개 실패하기 마련이다.

그러나 스몰 스텝 전략은 두려움에 반응하려는

뇌의 긴장을 완화하고 이성적 사고와 창의력을 자극한다.

용기란 두려움이 없는 것이 아니다.

두려움에 맞서고 저항하는 것이다.

_ 마크 트웨인

변화를 싫어하는 건 뇌의 본능이다

변화는 두려운 것이다. 겉보기에 아주 사소한 변화든 우리 삶을 근본적으로 바꾸는 변화든 사람들은 할 수만 있다면 변화를 피하려고 한다. 새로 생긴 나이트클럽을 찾는 일이든 아이를 가지려는 계획이든 마찬가지다. 두려움에 사로잡히는 순간 창의성과 성공은 가로막히고 변화는 멀어진다. 변화에 대한 이런 두려움은 인간의 뇌에 뿌리를 두고 있다.

진화의 시각에서 볼 경우 인체에서 가장 독특한 기관은 뇌다.

심장, 간, 장臟과 같은 장기들은 아주 오래전부터 발달했기 때문에 인간이 진화하는 동안 그 상태가 안정적이었다. 그러나 뇌는 지금으로부터 400~500만 년 동안 지속적으로 발전하고 변화했다. 100~200만 년 주기로 발달한 인간의 뇌는 현재 3개의 뇌로 구성돼 있다. 우리는 그 3개의 뇌가 조화를 이루게 하여 신체적으로나 정신적으로 병에 걸리지 않도록 노력해야 한다.

뇌의 가장 밑바닥에는 뇌간이 있다. 뇌간은 약 500만 년 전에 탄생했고, '파충류의 뇌'라 불리기도 한다. 파충류의 뇌는 실제로 악어의 뇌와 비슷한 모양이다. 우리가 아침에 일어나 밤에 잠들고 심장박동을 유지하는 것은 모두 이 파충류의 뇌가 하는 기능이다.

뇌간 바로 위에 앉아 있는 것이 중뇌이다. 일명 '포유류의 뇌'라고 하며 약 300만 년 전에 형성되었다. 모든 포유류들이 갖고 있으며 체온을 유지하고 감정을 저장하고 위험에 직면했을 때 살아남을 수 있도록 '방어 반응defense reaction'을 제어한다.

뇌의 세 번째 부분은 대뇌피질로 약 100만 년 전에 진화가 시작되었다. 대뇌피질은 뇌의 나머지 부분을 둘러싸고 있는데 인간이 만물의 영장이 될 수 있었던 것은 이 덕분이다. 문명, 예술, 과학, 음악과 같은 것들이 모두 여기에 주소를 두고 있으며, 변화하고 싶거나 창조적인 무엇인가를 하고 싶다면 이 대뇌피질의 도움이 반드시 필요하다.

하지만 이 **세 부분의 뇌가 항상 조화롭게 작동하는 것은 아니다. 이성적인 뇌는 우리에게 살을 빼라고 명령하지만 우리는 앉아서 감자칩이나 먹고 있을 수 있다. 새로운 프로젝트를 위해 창조적인 아이디어를 구상하고 싶은데 머리는 그만 돌처럼 먹통이 되기도 한다.**

이렇게 무언가를 하고 싶고, 변화하고 싶은데 제대로 되지 않았던 경험이 있었다면 중뇌가 꾸물거렸다고 생각하라. 중뇌에는 편도체라고 불리는 조직이 있다. 편도체는 방어 반응을 통제하는 일종의 경고 체계로 인류의 생존에 결정적인 역할을 해 왔고 지금도 하고 있다. 편도체는 모든 포유류가 공유하는 기관인데 중대한 위험에 맞닥뜨릴 때 우리 신체가 즉각적인 행동에 돌입하도록 경고를 보낸다. 이때 이 작업을 제대로 수행하기 위해 뇌의 다른 기능은 중단되거나 느려진다. 이성적인 사고와 창의적인 생각은 도망가거나 싸워야 할 때 방해가 되기 때문이다.

이 방어 반응은 생존이 목표였던 인류에겐 합리적인 작동체계였다. 사자가 다가오고 있는데 사자에 대해 숙고하느라 시간을 낭비할 수는 없는 것이다. 사자가 다가올 때 뇌는 식사나 성적욕망, 사고과정처럼 지금 당장 중요하지 않은 기능들은 일시적으로 중단시키고 몸이 즉각 행동에 돌입하도록 신호를 보내야 했다. 수천만 년 전, 인류가 다른 포유류와 함께 정글과 사바나를 어슬렁거리던 당시, 이 메커니즘은 생존을 위해 상당히 유용하고 필요한 것이었다. 저기 수상쩍게 움직이는 것이 토끼면 즉시 잡아야 했고, 사자라면 빨리 도망가야 했던 것이다. 인간은 다른 동물들보다 빨리 달릴 능력도, 힘도 부족할뿐더러 시각과 후각도 발달하지 않았기에 머뭇거리면 치명적인 결과가 야기되기 때문이다. 이 방어 반응은 현대에도 여전히 작동한다. 예컨대 고속도로에서 어떤 차가 내 차선으로 돌진해 올 때나 화재가 난 건물에서 탈출해야 할 때가 그것이다.

작게 시작하면 두려움이 사라진다

문제는 편도체의 메커니즘이 우리가 안전한 일상에서 벗어나려고 할 때도 작동한다는 것이다. 인간의 뇌는 새로운 도전과 욕구가 일어날 때도 어느 정도의 두려움이 함께 발생하도록 프로그램되어 있다. 새 직장을 얻으려 할 때나, 새로운 만남을 가지려 할 때도 편도체는 우리 몸에 경고를 보낸다. 이때 대뇌피질의 이성적 사고는 때로는 제한되고 때로는 정지되고 만다.

매일 밤마다 일분씩 텔레비전 앞에서 걷기 운동을 하던 줄리를 기억하는가? 그녀는 분명히 자신의 건강 상태가 두려워 병원에 왔다. 하지만 줄리를 짓누르고 있던 책임감은 건강만큼 두렵지만 그보다 더 급한 쪽으로 그녀의 관심을 끌고 갔다. 그녀는 직장을 잃을까 두려웠고, 아이들의 안전이 두려웠고, 좋은 엄마가 되지 못할까 두려웠다. 줄리가 나중에 얘기한 바로는 심지어 의사의 지시사항을 따르지 못해 의사를 실망시키는 것조차 두려웠다고 한다. 우리를 만나기 전 다른 병원에서도 의사가 줄리에게 강도 높은 운동을 권유했지만, 이런저런 걱정거리를 안고 있던 그녀는 그 의사를 실망시킬까 봐 운동을 시도조차 못했다는 것이다. 더 좋지 못했던 것은 의사의 지시를 따르지 못했다는 자괴감 때문에 병원 가는 것조차 그만두었다는 것이다. 대신 그녀는 텔레비전이나 보고 정크푸드나 먹는 일상으로 돌아가 버렸다.

독자들도 시험을 앞두고 이와 비슷한 현상을 경험한 적이 있을 것이다. 시험이 중요할수록, 좋은 결과를 내야 한다고 생각할수록 압박감과 두려움은 커진다. 집중력은 흐트러지고 밤새 터득했다고 생각했던 문제도 기억나지 않게 되는 것이다. 이러한 상황을 도식화하면 다음과 같다.

• 큰 목표 ⇒ 두려움 직면 ⇒ 대뇌피질 기능 저하 ⇒ 실패
• 작은 목표 ⇒ 두려움 우회 ⇒ 대뇌피질 기능 정상 ⇒ 성공

소수의 행운아들은 두려움을 다른 감정으로 전환시키는 능력을 갖고 있다. 그들은 두려움이라는 감정을 흥분으로 전환시킨다. 과제가 어려울수록 더 흥분하고 생산성도 높아진다. 독자들도 이런 사람을 몇몇은 알고 있을 것이다. 그들은 도전에 직면했을 때 삶의 보람을 느낀다. 하지만 우리들 대부분은 목표가 클수록 두려움도 따라 커진다. 사바나에 있었던 우리 조상들이 그랬던 것처럼, 사자의 위협으로부터 도망가기 위해 대뇌피질의 기능이 제한되는 것이다. 오늘날 우리를 위협하는 사자는 '시험에 합격하기', '다이어트 성공하기', '배우자 구하기', '매출 실적 올리기' 같은 것들이다. 절실한 것일수록 두려움도 따라 커진다.

이런 **우리 뇌의 자동적 방어 메커니즘을 우회하는 것이 바로 스몰 스텝 전략이다. 큰 목표를 앞에 두고 왜 내가 두려움에 떨고 있는지 상담받느라 시간을 낭비하지 않고 그저 작은 한 걸음만 내딛으면 되는 것이다.** 책상 위에 어지럽게 널려 있는 펜을 정리 정돈하는 것처럼 쉽게 해낼 수 있는 것부터 하는 것이다. 편도체가 경보 체계를 작동하지 못하도록 발끝을 세워 아주 작은 걸

음부터 내딛게 되면 대뇌피질은 여전히 제 맡은 기능을 하게 된다. 대뇌는 우리가 원하는 변화를 위해 '소프트웨어'를 만들고 실제로 새로운 신경망을 형성해 새로운 습관이 자리 잡히도록 도와준다. 변화에 대한 두려움이 약해지고 궁극적인 목표를 향해 나아갈 수 있게 되는 것이다. 그리고 그 결과는 우리의 기대를 넘어설 수도 있다. 이것이 줄리에게 일어났던 일이다. 텔레비전 앞에서 몇 주 동안 걷는 것을 반복하다 자신도 모르게 예전엔 해 본 적도 없는 운동을 하고 있는 스스로를 만나게 된 것처럼 말이다.

스몰 스텝 전략은 두려움을 극복하는 다른 방식이다. 우리 뇌는 두려움을 느낄 때 공격할 것이냐 아니면 그냥 달아날 것이냐를 선택하도록 프로그램되어 있다. 하지만 이 전략이 항상 바람직한 것만은 아니다. 작곡가가 되기를 원하지만 목표를 이루기 어려울 것 같은 두려움에 피아노 건반을 멀리하고 텔레비전이나 보며 시간을 낭비하는 경우를 상상해 보자. 그는 사자(작곡가 되기) 앞에서 달아나는 것을 선택한 것이다. 하지만 스몰 스텝 전략은 사자를 토끼로 만드는 전략이다. 스몰 스텝 전략에 따라 작곡가가 되고자 한다면 처음에는 그냥 하루에 음표 세 개를 그려보는 것과 같은 방식으로 시작할 수도 있다. 그것만으로도 무언가를 해야 한다는 뇌의 의무감을 만족시킬 수 있으며 변화에 따라 오는 정서적 고통을 진정시킬 수 있다. 게다가 편도체의 경보체계를 작동시키지 않고 대뇌피질로 바로 접속하는 길이 열리기에 창의적인 생각까지 흘러넘치게 되는 것이다.

두뇌는 변화에 저항하도록 프로그램돼 있다. 그러나 스몰 스텝 전략을 취함으로써 우리는 신경체계를 효과적으로 재구성하여 다음과 같은 결실을 얻어 낼 수 있다.

- 창의성을 가로막는 장벽으로부터 자유로워진다.
- 방어 반응을 우회한다.
- 변화에 능동적인 뇌를 만들어 목표를 향해 빠르게 나아갈 수 있다.

심리적 저항을 없애주는 스몰 스텝 전략

새로운 도전이나 큰 목표를 앞에 두었을 때 일어나는 감정을 현대 의학은 스트레스라고 이름 붙이지만 과거 수많은 세대들은 이 감정을 '두려움'이라는 보다 친숙한 이름으로 불러왔다. 예전이나 지금이나 성공한 사람들은 두려움을 눈 하나 깜짝하지 않고 응시한 이들이다. 그들은 근심, 스트레스, 긴장감이라는 말로 자신의 감정을 에둘러 표현하지 않는다. 그 대신 새로운 도전을 앞에 두면 책임감과 함께 두려움에 사로잡힌다고 당당하게 말한다. GE의 최고경영자였던 잭 웰치는 이렇게 말했다. “우리 같은 경영자들은 집에 가면 밤새 동일한 두려움에 시달린다. 내가 우리 회사를 말아먹고 있는 것은 아닐까?” 〈톰과 제리〉로 유명한 만화가 척 존스는 “두려움은 창조적인 작업에 필수적이다.”라고 강조했으며, 우주비행사인 샐리 라이드도 두려움에 대해 “모든 모험들이 두렵다. 특히나 새로운 영역으로 뛰어들 땐 공포 그 자체다.”라고 자신의 심정을 토로했다.

나는 우리 시대의 탁월한 사람들이 스트레스나 걱정이라는 말 대신 왜 두려움이라는 표현을 선호하는지 궁금했다. 그에 대한 답은 UCLA 의과대학 내과 의사들이 교육받는 현장에서 어느 날 문득 나에게 주어졌다. 그날도 가정의학과 레지던트 한 명을 따라다니면서 그녀가 어른과 아이들의 다양한 증상을 어떻게 진단하는지 살펴보고 있었다. 그때 나는 어른들이 자신의 감정적 고통을 얘기할 때 ‘스트레스, 걱정, 우울함, 신경과민, 긴장’ 같은 단어를 선택하는 반면, 아이들은 ‘겁이 난다, 슬프다, 무섭다’고 말한다는 것을 알았다.

단어 선택에서 이렇게 차이가 나는 것은 병의 증상보다는 세상에 대한 기대감에서 기인한다는 것이 내 결론이다. 아이들은 자신이 느끼는 감정적 고통을 정상이라고 가정한다. 아이들은 자신들이 이 세상을 제어할 수 없다는 사실을 잘 알고 있다. 부모의 기분상태가 좋은지 나쁜지를 결정할 권한도, 좋은 선생님과 나쁜 선생님을 선택할 권리도 그들에겐 없다. 두려움은 아이들에겐 삶의 한 부분이다.

그와 반면 어른들은 자기가 제대로 살고 있다면 주변 상황을 제어할 수 있다고 생각한다. 그들에게 두려움이 일어난다는 것은 무엇인가 잘못되고 있다는 신호다. 일이 제대로 풀리지 않고 있는 것이기에 어른들은 스트레스, 신경과민과 같은 심리학적 병명으로 자신의 상황을 표현하는 것이다. 주변의 어른들을 둘러보라. 그들은 자신들이 상황을 제어하지 못하는 것에 대해 매우 부끄러워하거나 수치심을 느낀다. 심지어 누가 뭐라고 하지 않았는데도 스스로 화를 내고 창피해한다.

두려움에 대해 이런 식으로 접근하는 것은 옳지 않다. 삶이 기대대로 늘 질서정연하게 움직일 것이라고 생각하고 있다면 그렇게 되지 않았을 때의 낭패감은 이루 말할 수 없이 클 것이다. 좋은 직장, 긴밀한 인간관계, 건강 문제 등이 기대처럼 되지 않을 때 누구나 화가 나고 당황하게 된다. 두렵다는 생각이 일어나면 어떻게 해서든 이 감정에서 빠져나오고 싶어진다. 자신이 과장되고 극단적인 방법으로 그 두려움을 없애려고 한다는 사실조차 인식하지 못한다. 하지만 이런 식으로 두려움에서 빠져나오려고 하면 오히려 역효과만 생긴다.

하던 대로 하면
절대 변할 수 없다

술에 취한 한 남자가 가로등 아래서 무릎과 손으로 땅을 짚은 채 무엇인가를 찾고 있었다. 경찰관이 나타나 그에게 물었다.

"거기서 무얼 하고 계십니까?"

술 취한 사내가 혀 꼬부라진 소리로 말했다.

"열쇠를 찾고 있소."

경찰관이 다시 물었다.

"어디다 떨어뜨렸는데요?"

사내가 대답했다.

"저쪽이요."

사내는 자신이 있는 곳에서 한 블록 떨어진 곳을 가리켰다. 경찰관은 머리를 긁적이며 다시 물었다.

"저기서 떨어뜨렸는데 왜 여기서 찾고 있습니까?"

그러자 사내가 대답했다.

"여기가 저기보다 밝잖아요."

이 이야기가 말하는 것은 무엇인가? **삶이 두려워지고 힘겨워지면 우리는 편하고 익숙한 곳에서 해결책을 찾으려고만 하지 진짜 해결책이 놓여 있는 어둡고 불편한 장소로 가려고 하지 않는다는 것이다.** 마치 친밀한 인간관계를 두려워하는 독신자들이 직업과 사는 곳을 바꾸고 자신의 경력을 다듬는 것에 에너지를 쏟지만, 정작 진실한 인간관계를 쌓아 가려는 노력은 하지 않는 것처럼 말이다. 건강에 신경을 쓰지 않는 사람, 만족스럽지 않은 결혼생활을 유지하는 사람들이 집을 꾸미는 데에만 관심을 쏟고, 자존감이 낮은 사람이 성형수술과 과격한 다이어트나 운동에만 몰두하는 것도 역시 마찬가지이다.

그러나 두려움을 당연한 것으로 받아들인다면 두려움을 다른 방식으로 활용할 수 있다. 변화하고자 할 때 이성적 사고가 우리를 항상 올바른 행동으로 유도하지 않는다는 사실을 기억하자. 또 두려움은 가장 일상적인 일에서도 일어날 수 있다는 사실을 기억하자.

당신이 지난 몇 주 동안 지속적으로 지각을 했다고 가정해 보도록 하자. 어느 날 아침, 일찍 일어난 당신은 아주 이성적인 생각을 한다. "좋아. 오늘은 정시에 출근하겠어!" 하지만 의식하지 못하는 두려움이(예를 들어 마주치기 싫은 상사에 대한 두려움) 핑계를 만들어 낼 수 있다. 편도체가 작동하는 것이다. 당신은 집을 나서기 전에 텔레비전을 더 보거나, 아침을 천천히 먹거나, 이런저런 옷을 입어 보면서 시간을 끌 수도 있다. 무의식적으로 일어나는 두려움은 이런 식으로 당신이 의식하지 못하는 사이에 처음 의도했던 행동을 하지 못하게 만든다.

변화를 시도할 때 나타나는 이런 장애물 때문에 개선하려는 의지마저 포기해서는 안 된다. 갈등은 인간의 조건이다. 사람들이 자신의 행동을 쉽게 개선할 수 있었다면 우리는 지금보다 훌륭한 존재가 되었을 것이다.

어떤 것에 관심을 기울일수록, 더 많은 꿈을 꿀수록 더 많은 두

려움이 솟아난다. 두려움을 당연하게 받아들이고, 야망을 품었을 때 자연스럽게 나타나는 신호로 이해하는 것이 희망을 유지하고 스스로와 세상을 더 낙관적으로 만들 수 있는 방법이다. 목표를 향해 작고 소소한 변화를 실천하는 것만으로도 의지는 강화된다. 어렵기만 한 동료와 즐거운 대화를 나누는 것을 상상하는 것만으로도 스몰 스텝 전략은 시작된다. 그리고 궁극적으로는 우리 뇌에 새로운 습관을 형성할 수가 있다. 다음 장에서부터 스몰 스텝 전략의 세부적인 면면을 설명할 것이다. 스몰 스텝 전략과 함께하면 두려움 속에서도 스스로를 바꿀 수 있다.

2장

뇌를 즐겁게 만드는 '작은 질문'의 힘

작은 질문을 던져라.

그러면 우리 뇌는 그 상황을 놀이로 인식하고

머뭇거림 없이 창의성을 발현한다.

작은 질문을 타인에게 던지면 공동의 목표를 이룰 수 있으며

자신에게 던지면 변화를 향한 기초 프로그램을 만들 수 있다.

우리 삶은 우리가 던지는 질문,

하지 않았던 질문,

할 생각조차 없었던 질문으로 만들어진다.

_샘 킨

질문이 쉬워야 답하기도 쉬워진다

우리 뇌를 프로그램화하는 강력한 방법 중의 하나가 '작은 질문'을 던지는 것이다. 나는 이 아이디어를 한 제조기업과 일을 할 때 몇몇 그룹의 생산성 향상을 도모하던 관리자들에게 적용해 본 적이 있다.

패트릭이라 불렸던 관리자가 있었다. 나는 그가 회의를 주관하던 모습을 살펴보았다. 그는 직원들 앞을 열정적으로 왔다 갔다 하면서 큰 목소리로 속사포처럼 질문을 쏘아 대고는 했다.

"우리 회사를 업계 최고로 만들기 위해 여러분들은 무엇을 할 수 있습니까?"

패트릭은 이와 비슷한 질문들을 공식 회의에서든 사적인 만남에서든 상관없이 습관처럼 던지곤 했다. 이런 질문을 통해 패트릭은 직원들에게 회사에 대한 책임감과 자부심을 주입시키고 싶었으며, 이런 식의 질문을 함으로써 대단한 제품과 서비스를 개발하고 제반 경비까지 절감할 수 있다고 믿고 있었다. 하지만 결과는 그렇지 않았다. 직원들은 눈에 띄게 불편한 기색이었다. 바닥을 쳐다보거나 의자에 앉아 안절부절못하고 있었다. 두렵기 때문인지 화가 났기 때문인지 모르겠지만 손까지 부들부들 떠는 직원도 볼 수 있었다. 나중에 나는 직원들끼리 불평하는 것을 들을 수 있었다.

"도대체 우리한테 기대하는 게 뭐야?"
"왜 우리가 새로운 아이디어를 찾아야 하는 거지? 그건 자기가 할 일이잖아!"

"지금도 일이 많아 죽을 맛인데!"

"더 이상 뭘 더 하라는 거지?"

패트릭이 바라는 대로 몇 가지 제안이 있기는 했다. "직원들을 더 많이 채용해 일이 돌아가게끔 해 달라", "낡은 장비를 새 장비로 교체해 달라" 등등. 대부분 비용이 들고 실용성이 없어 당장 실천할 수 없는 것들이었다. 대신 패트릭이 생산성 향상을 부르짖고 난 후 석 달 만에 아파서 결근하는 직원들의 수가 23%나 증가하고 있었다.

나는 패트릭에게 당신의 기본적인 방향에는 동의한다고 말했다. 직원에게 동기부여를 하는 것은 회사에 대한 책임감을 불어넣고, 비용을 절감할 수 있는 아이디어를 만들어 낼 수 있으며 생산성 향상을 달성할 수도 있는 일이었다. 하지만 **나는 당신처럼 열정에 가득 찬 거시적이고 포괄적인 훈시를 해서는 원하는 효과를 기대할 수 없다고 했다. 질문과 관련한 스몰 스텝 전략은 상대에게 단순한 요청을 하는 것이고 그 영역도 좁아야 한다.** 나는 그에게 목소리 톤을 부드럽게 하고 표현도 바꿔 보라고 했다. 제안을 받아들인 패트릭은 다음 날 회의에서 보다 차분한 목소리로 직원들에게 물었다.

"생산성을 높이기 위해 당장 시도할 수 있을 만큼 아주 작은 방안들은 뭐가 있을까요?"

놀랍게도 사람들의 얼굴이 그를 향하더니 조금 달라진 이 질문에 대답하기 위해 궁리하는 듯했다. 그러고는 의자에 바로 앉아서는 회의에 적극적으로 참여하기 시작했다. 사람들의 반응은 질과 양의 측면에서 극적인 증가를 보였다.

한 사람은 즉석에서 의견을 제시했다. 하루 일이 끝나고 나면 그냥 버려지는 고철들이 있는데 회사가 그걸 팔 수 있다면 어떨까 생각한 적이 있다고 말했다(이 제안을 통해 실제로 회사는 고철을 팔기 시작했다). 다른 사원은 입사한 지 6개월 미만의 신참들이 공구를 다루다 실수를 저지르는 것을 많이 보았다고 했다. 그는 비용과 시간을 절약하기 위해 하루 2시간씩 신참 교육을 자원하겠다고 했다(회사는 이 제안 역시 받아들였다). 세 번째 제안은 월례회의 때마다 도움을 준 직원에게 공개적으로 감사의 마음을 표현하자는 것이었다. 이 아이디어는 즉각 실행되었고 또 인기를 끌었다. 사원들이 회의 시간을 기다리지 않고 작업현장에서 바로 감사의 표현을 하기 시작한 것이다.

얼마 지나지 않아 직원들의 사기와 일의 효율성은 함께 올라

갔다. 모두들 자신이 제안한 아이디어가 시행되고, 하루 일과가 개선되는 데 만족감을 표현했을 뿐만 아니라 작업 현장에 능동적으로 참여하고 있다는 즐거움까지 누리게 된 것이다. 결근하는 횟수도 다시 정상으로 돌아가기 시작했다. 어떻게 이런 일이 가능할 수 있었겠는가?

하지 말고
되게 하라

다음과 같은 실험을 한번 해 보자. 직장이든 어디든 상관없다. 당신 친구 중 차가 있는 사람에게 다음과 같이 물어보라.

"오늘 네 차 옆에 주차된 차 색깔이 뭐였어?"

친구는 이상한 질문이라 생각하겠지만 곧 모르겠다고 할 것이다. 다음 날에도 그다음 날에도 계속해서 똑같은 질문을 반복해 보자. 네 번째 혹은 다섯 번째 날이 되면 친구도 어쩔 수가 없다. 주차를 하면서 실없이 반복되는 당신의 질문을 자동적으로 떠올리게 된다.

친구는 대답을 하기 위해 잠깐이라도 차의 색깔을 기억해 둘 수밖에 없다. 이 실험 이야기를 꺼낸 것은 우리 뇌의 한 부분인 해마의 역할을 설명하기 위해서다. 해마는 포유류의 측두엽에 위치하는 것으로 어떤 정보를 저장하고 다시 꺼내야 하는지를 결정한다. **해마가 어떤 정보를 저장할 것이냐를 판단하는 기준은 반복이다. 질문이 반복되면 뇌는 어쩔 수가 없다. 거기에 집중을 하고 답변을 할 준비를 갖춘다.**

질문("오늘 네 차 옆에 주차된 차 색깔이 뭐였어?")**은 명령**("네 차 옆에 주차된 차의 색깔이 뭔지 말해 봐!")**보다 아이디어와 해결책을 생산하는 데 훨씬 유용하다.** 나를 찾아오는 고객들과의 실험결과도 마찬가지였다. 질문을 던졌을 때 뇌의 기능이 활성화되었다. **뇌는 놀기를 좋아한다. 질문은 우리 뇌를 깨어 있게 하고 즐겁게 한다. 뇌는 아무리 우스꽝스럽고 이상한 질문이라도 질문을 받으면 궁리하려고 든다.**

비행기 탈 기회가 있다면 다른 승객들이 무엇을 하는지 재빨리 살펴보라. 많은 사람들이 십자말풀이나 스도쿠 퍼즐을 즐기고 있을 것이다. 십자말풀이는 장시간의 비행에서 오는 지루함을 달래 주는 심심풀이이지만 기본적으로 질문의 연속이다. 아이들과 놀 때도 마찬가지다. 질문을 던졌을 때와 그렇지 않았을 때 아이들의 집중력이 어떻게 달라지는지 관찰할 수 있다. "이건 강아지야."라고 직접적으로 얘기했을 때보다 "이건 뭘까?"라고 질문을 던졌을 때 아이들의 눈이 커진다. 심지어는 "이건 뭘까? 강아지네!"라고 스스로 묻고 답해도 아이의 흥미를 유도할 수 있다. 부모들은 본능적으로 이런 사실을 알고 있다. 묻고 답하는 과정을 반복하면서 아이들의 기억을 자연스럽게 유도하는 것이다.

질문했을 때와 명령했을 때의 차이는 극적이다. 나는 이 차이를 기업 회의석상에서도 보았고 개인적인 만남과 진료과정에서도 볼 수 있었다. 예를 하나 들자. 현대인은 건강을 지키기 위해 해야 할 일 정도는 자면서도 외울 정도로 많이 알고 있다. 접시의 반은 과일과 채소로 채워라. 포화지방과 트랜스지방의 섭취를 줄여라. 규칙적인 운동을 하라. 물을 충분히 마셔라 등등. 하지만 이런 건강상식이 현대인에게 어떤 효과도 발현하지 못한다는 것은 미국의 비만율, 심장병 발병률, 당뇨 환자의 증가율을 보면 알 수 있을 것이다.

그래서 나는 UCLA 가정의학센터에서 환자들을 진료할 때 지침을 내리기보다는 스몰 스텝 전략의 일환으로 그들 스스로 아래와 같은 질문을 던져 보게 한다.

"건강이 최우선 과제라면, 오늘 해 볼 수 있는 일에는 무엇이 있을까?"

"어떻게 해야 내가 물을 좀 더 마시도록 할 수 있을까?"

"하루에 잠깐이라도 운동을 할 수 있는 방법으로는 무엇이 있을까?"

환자들(정확하게는 환자들의 뇌)은 이 질문을 며칠 동안 곱씹었을 것이다. 그러더니 그럴 시간이 없다고 하던 사람들도 창의적인 방법을 고안해 내기 시작했다. 한 여성 환자는 차에 물병을 항상 가지고 다니기로 했다. 비록 병이 비었을지라도 그 병의 존재만으로도 자신이 물을 더 마셔야 한다는 사실을 끊임없이 환기할 수 있기 때문이다. 다른 여성 환자는 바쁜 여행 일정 때문에 다이어트 프로그램을 짤 수가 없는 상황이었다. 그녀가 생각해 낸 것은 식당에서 평소 먹던 대로 주문은 하되 절반은 먹고 절반은 봉

투에 싸서 가져오는 것이었다. 호텔로 돌아와서 남은 음식은 쳐다보지도 않았다고 했다. 세 번째 여성은 긍정적인 태도가 건강에 도움이 된다고 판단하여 매일 아침 헨델의 〈할렐루야 합창곡〉을 들으며 이를 닦는 아이디어를 냈다.

이후 세 여성들 모두 건강에 좋은 음식을 선택하게 되고, 식사를 즐기면서도 섭취량을 줄일 수 있게 되었다고 보고했다. 이렇게 달라진 이유는 간단하다. 적절하게 반복된 질문이 그녀들로 하여금 건강에 더 관심을 쏟게 만든 것이다. 의사의 지시가 아니라 자신들이 생각해 낸 아이디어가 강한 동기를 부여하고 성취욕을 자극한 것이다. 이후 그녀들은 열성적으로 또 다른 방법들을 찾아내기 시작했다. 비록 매일 영양섭취 가이드라인에 따라 식사를 하고, 운동을 시작한 것은 아니었지만 성공으로 가는 길 위에 올라선 것이나 다름없었다.

즐거운 일에는 노력이 필요 없다

우리 뇌는 질문을 좋아한다. 질문이 너무 거창해 두려움을 불러일으키지만 않는다면 뇌는 질문을 거절하는 법이 없다. "올해 안에 날씬해지려면? 혹은 부자가 되거나 결혼을 하려면 어떻게 해야 하나?", "우리 회사에 백만 달러 이상의 이익을 안겨 주려면 어떤 제품을 개발해야 하나?"와 같은 질문은 거창하다. 패트릭이 직원들에게 던진 질문처럼 이런 질문들은 받아들이는 사람에게 두려움을 불러일으킨다. 스스로에게 던지는 질문도 마찬가지다.

두려움이 감지되는 순간 뇌는 질문을 놀이로 인식하지 않는다. 대뇌피질은 가장 필요한 순간 기능을 멈춰 버리고 창의성은 사라진다. 그러나 작고 부드러운 질문은 우리 뇌의 방어 반응을 차단한다. 예를 들어 다음과 같은 질문들이다.

"일을 좀 더 효과적으로 할 수 있는 소소한 방법은 없을까?"
"지출을 줄이기 위해 하루 5분 동안 할 수 있는 일은 무엇이 있을까?"
"자기계발을 하고 싶은데 집 근처에서 들을 수 있는 강좌는 무엇일까?"

이런 질문들은 두려움을 불러일으키지 않는다. 이런 질문들은 뇌로 하여금 문제해결에 집중하게 만들고 우리가 행동을 할 수 있게끔 이끈다. 한 가지 질문을 반복하는 것만으로도 충분하다. 뇌는 그 질문을 저장해 두었다 자꾸 뒤적거리게 된다. 그러고는 흥미롭고 유용한 반응을 쏟아 낸다.

뇌가 새로운 아이디어를 만들어 내는 과정은 아직 과학이 밝혀 내지 못한 영역이지만 나는 우리가 알지 못하는 그 과정이 평범한 질문을 반복하고 뇌가 답변을 쏟아 낼 때까지 참을성 있게 기다리는 것이라 생각한다. 내가 수십 년 동안 이 방식을 통해 사람들이 속박과 관습에서 벗어나 창의력을 발현할 수 있게끔 도와주었기 때문이다.

질문이 부담스럽거나 공포스러운 것이 돼서는 안 된다. 질문은 재미있어야 한다. 질문이 재미있으려면 작아야 한다. 작은 질문을 던지게 되면 편도체(방어 반응을 통제하는 그 곳)는 조용히 잠들게 되고, 놀기 좋아하는 대뇌피질이 깨어나 질문을 흡수하고 마법과 같은 방식으로 창의적인 아이디어를 쏟아 내는 순간이 온다. 그 순간이 샤워를 하거나 운전을 하거나 설거지를 하는 도중일 수도 있다. 아인슈타인은 "나는 왜 아침에 면도할 때 최고의 아이디어가 떠오르는 걸까?"라고 말한 적이 있다. 나는 그가 작은 질문을 잘 던졌을 것이라 생각한다. 우주의 법칙에 관한 질문을 얼마나 작게 만들었는지 알 수 없지만 아이디어가 자신에게 불쑥 다가올 때까지 며칠, 몇 주, 몇 달씩 그 질문을 반복했을 것이다.

다시 한 번 강조하거니와 질문이 방어 반응을 일으키는 편도체를 깨워서는 안 된다. 그렇게 하려면 질문은 재미있어야 하고 작아야 한다. 질문이 작고 재미있을수록 편도체는 안심하고 모른 체 가만히 있게 된다. 그리고 편도체가 잠들어 있을 때 비로소 대뇌피질이 그 질문을 낚아채 자기만의 방식으로 많은 답을 쏟아 내게 된다.

큰 목표일수록
잘게 쪼개서 접근한다

연설문 쓰기나 기획회의에 발표할 자료를 만드는 것과 같은 창의력을 요구하는 과제와 씨름한 적이 있다면 그 일이 얼마나 어려운지 잘 알 것이다. 당신은 프린터에다 새 종이를 넣고 김이 나는 커피 한 잔을 따른 다음, 워드프로그램을 실행시킨 뒤 아마 이렇게 자문할 것이다.

"어떻게 시작해야 청중들의 넋을 빼앗을 수 있을까?"

"의심 많은 직원들에게 내 프로젝트를 설득시키려면 어떻게 해야 할까?"

그러고 나서 화면을 응시하겠지만 입만 바싹바싹 타들어 가고 머릿속은 자꾸 복잡해지기만 할 뿐이다. 잘 인식하지 못하는 것이지만 이런 순간에도 방어 반응은 일어난다. 보통 이런 경우를 가리켜 '글이 막혔다'고 하지만 사실 이것도 정확히 말하자면 두려움이다. 스스로에게 던진 질문이 너무 압도적이고 거대한 것이기 때문이다. 편도체가 깨어나고 대뇌피질은 위축되고 만다.

『잉글리시 페이션트』의 작가 마이클 온다체는 소설을 쓸 때 아주 작은 질문을 사용한다고 한다. 다른 유명한 작가들에게서도 흔히 들을 수 있는 말이지만 그 또한 "머릿속에 아주 거창한 주제 같은 걸 갖고 달려드는 건 아닙니다."라고 말한다. "인물을 어떻게 묘사해야 독자들에게 매력적으로 느껴질까?"와 같은 큰 질문 대신 작은 사건 몇 가지에 집중한다는 것이다. 비행기 사고가 일어났고 환자와 간호사가 밤새 대화를 나눈다! 그때 이런 질문들이 떠오른다.

"비행기 안의 이 남자는 누구인가?"

"왜 거기 있었는가?"

"사고는 왜 일어났지?"

"그때는 몇 년도일까?"

이런 질문들에 대해 그는 이렇게 말했다. "이것들은 작은 조각들입니다. 큰 모자이크의 작은 조각들이죠. 이것들을 더해 가면서 인물들의 과거를 만들어 가는 겁니다." 결국 그가 던진 작은 질문에 대한 답들은 놀라울 정도로 현실적인 인물들을 창조하도록 만들었고 수상의 영광까지 누리게 만들었다. 장차 소설가가 되고 싶은 사람이 아니라 할지라도 이렇게 작은 질문을 던지는 것은 삶의 모든 영역에서 창의성을 발현하는 데 도움이 된다.

전자레인지가 만들어진 과정도 이와 비슷했다. 레이온 사의 엔지니어였던 페리 스펜서는 좀체 빈둥거리는 법이 없는 사람이었다. 손가락으로 머리를 두드리고 쥐어박기도 하며 생각에 생각을 거듭했다. "어떻게, 어떻게, 어떻게 해야 세상의 식탁에 혁명을 일으킬 기계를 개발할 수 있을까?" 어느 날 그는 일을 하다 레이더 장치 가까이에 사탕을 놓아 두게 되었다. 잠깐 사이 사탕이 녹은 것을 보고 생각에 잠겼다. '왜 열도 없는데 레이더 옆에 둔 사탕이 녹은 걸까?' 큰 질문에서 벗어나 작은 질문이 시작된 것이다. 이 작은 질문은 또 다른 작은 질문으로 이어졌고 그에 대한 답들이 모여 음식 조리에 혁명적인 변화를 일으킨 전자레인지가 탄생하게 되었다.

글쓰기, 작곡, 그림 그리기 등 창조적인 무엇인가를 하고 싶은데 어디서부터 시작해야 할지 짐작조차 못하겠고, 경력과 능력을 쌓아 회사에 산적한 문제들을 재치 있게 해결하고 싶은데 별다른 소득이 없다면 스몰 스텝 전략이 당신의 영감을 호출하는데 도움을 줄 수 있다. 창의적인 생각을 떠올리라는 압력을 넣지 말고, 그저 작은 질문을 던지는 것만으로도 뇌는 창조적인 과정에 착수한다. 아래의 질문들은 창의력이 발현되게끔 내 고객들이 주로 사용하던 질문들 중 몇 가지다. 이러한 질문 방식이 여러분의 것이 되도록 하라. 어떤 것이든 부드럽고 참을성 있게 던져야 한다. 급하고 과격한 톤으로 던지게 되면 두려움이 먼저 앞을 막아서게 된다.

"책, 시, 노래, 그림 등등 내가 세상에 기여하기를 희망하는 것 한 가지가 있다면 그것은 무엇인가?"

"내가 도움을 요청할 수 있고 내게 예술적 영감을 자극해 줄 수 있는 사람은 누구인가?"

"나 혹은 내가 함께하는 팀과 관련하여 특별하고 독특한 점은 무엇인가?"

"나는 어떤 일을 해야 신이 나고 만족스러울 수 있는가?"

기억하자. 얼마나 오래 걸리든 상관하지 않고 질문을 반복하면 우리 뇌는 답을 만들기 위해 고심할 수밖에 없다. 자기만의 방식으로, 자기만의 시간표대로 뇌는 우리에게 답을 주게 된다.

두려움을 없애주는 작은 질문들

그레이스라는 여성을 통해 작은 질문들을 어떻게 사용할 수 있는지 살펴보자. 그녀는 자기 사업을 하는 매우 능력 있고 지적인 여성이었다. 그러나 만족스러운 연인관계를 이어가지 못한다는 이유 때문에 낙담한 상태였다.

그레이스의 얘기를 들었을 때 나는 다른 면에선 자신만만한 이 여성이 두려움이라는 장애에 맞닥뜨렸음을 알 수 있었다. 지금까지 보아온 것처럼 두려움은 사람들이 진정으로 원하는 것을 얻지 못하게 하는 걸림돌이다. 그레이스의 두려움엔 크게 두 가지 범주가 있다. 하나는 자신이 가치 없는 존재가 아닐까 하는 두려움('나는 그럴 자격이 없어!')이고, 다른 하나는 통제력을 상실할 것 같은 두려움('나는 그를 좋아하는데 그가 나를 버린다면?')이다.

나는 그녀에게 전에 만났던 남자들에 대해 얘기해 달라고 했다. 그녀는 장기적인 만남에 관심을 보인 남자 한두 명 정도가 있었지만 늘 문제가 있었다고 했다. 아이가 있다거나, 자기보다 못한 직업을 가졌거나, 춤을 좋아하지 않는다거나 하는 등의 문제였다. 그래서 그레이스는 돈도 많고, 권력도 있는 남자를 만나는 데 더 많은 시간을 투자했지만 그런 남자들은 또 그레이스가 원하는 지속적인 만남에 관심이 없었다는 것이다. 왜 그레이스는 상대적으로 작은 단점이 있는 남자들 대신에 이렇게 결혼할 의사가 전혀 없는 사람들을 쫓아다녔던 것일까?

내가 자주 사용하는 실험 중 하나를 사용해 그녀의 문제를 진단하기로 했다. "사무실 바깥에 타임머신이 있습니다. 그걸 타면 당신은 부모님 중 한 분의 몸 안으로 들어갈 수 있어요. 타임머신을 탄 당신은 부모님 중 어느 분의 삶을 살고 싶은가요?" 그녀는 자신에게 문제가 있음을 드러내는 전형적인 반응을 보였다. "어느 분의 삶도 살고 싶지 않아요." 그레이스는 망설임 없이 얘기하더니 "다른 선택은 없나요?"라고 되물었다.

대화를 나누면서 그레이스의 어머니에 대해 좀 더 알게 되었다. 그녀의 친구이면서 가장 사랑했던 엄마는 아버지가 있을 때 전혀 다른 사람이 되었던 것이다. 어린 그레이스의 눈에 엄마는 아버지와 함께 있으면 심하게 위축되어 겁 많고 고분고분하기만 한 여성이 되곤 했던 것이다. 그레이스는 아버지가 고압적으로 엄마를 지배했듯 어떤 남자도 자신을 지배하게끔 두지 않겠다고 다짐했다는 것을 기억해 냈다. 그녀가 이 다짐을 실현하는 유일한 방법은 냉담하고 부유하지만 지속적인 만남엔 관심 없는 남자들과의 데이트였던 것이다.

그러나 그때까지도 그레이스는 자신이 이성적으로 갈망하는 것(사랑하고 서로 헌신하는 관계)과 어렸을 때 스스로 다짐한 맹세(사랑과 헌신 때문에 지배력을 잃어버리는 고통을 용납하지 않겠다는 결심) 사이에 관련이 있다는 것을 알지 못하고 있었다. 이후 그녀는 자신의 문제가 생각했던 것보다 복잡하다는 것을, 이 문제가 스스로 인정한 것보다 더 두려운 것이라는 사실을 알았지만 말이다.

어린 시절에 대한 이야기를 나누면 도움이 되는 것은 어느 정도 맞는 사실이지만, 사실 그녀에게 진정으로 필요한 것은 자신의 개인적인 문제를 나누고 공유할 수 있는 동반자였다. 그 동반자를 찾기 위해 나는 그녀가 두려움을 극복할 수 있도록 작은 행동부터 취해 볼 것을 권유했다. 너무 거창한 방법은 공포를 불러일으켜 역효과를 낳을 수 있는 일이었다. 사업가였던 그녀는 조금씩 바꿔 보자는 나의 제안에 호기심을 보였고 좀 우스꽝스러운 제안일지라도 해 보겠다고 했다.

나는 먼저 그레이스에게 완벽한 직업이란 어떤 것이고 3년 안에 쌓고 싶은 경력이 있다면 어떤 것이 있는지 이야기해 보라고 했다. 그녀는 자기의 목표와 꿈, 그것들을 이룰 수 있는 방법에 대해 망설임 없이 완벽하게 설명했다. 하지만 이상형의 남자와 함께 보낸 완벽한 하루를 묘사해 보라고 했을 때 아무 말도 하지 못했다. 낭만적인 관계에서 결코 연약해져서는 안 된다는 생각이 너무 압도적이어서 사랑하고 사랑받는 행복한 날조차 상상할 수 없는 것 같았다.

그래서 나는 그레이스가 작고 위협적이지 않은 질문을 스스로에게 던지게 해 좋은 남자에 대한 욕구가 자연스럽게 일어날 수 있도록 시도했다. 먼저 그녀에게 하루 2분 동안 이렇게 자문해 보라고 했다.

"내가 바라는 이상적인 남성은 어떤 모습일까?"

처음엔 이 질문도 그레이스에겐 어려운 모양이었다. 답을 하는 데 상당한 시간이 걸렸다. 하지만 이 질문이 그녀의 상상력 안에 자리를 잡자 점점 더 대담하고 솔직한 답변을 하기 시작했다. 그래서 나는 내 음성사서함에 하루에 한 번씩 전화를 해 다른 질문에 대한 답변을 해 보라고 했다.

"지금 당장 이상형의 남자로부터 받고 싶은, 작지만 배려가 담긴 행동은 어떤 것인가?"

이 질문은 서로에게 친절과 존경을 보여 주는 부모 밑에 자란 사람이라면 쉽게 대답할 수 있는 것이었지만 그레이스에겐 도전이나 다름없는 것이었다. 나는 그레이스가 남자에 대한 상상력을 키우기를 바랐다. 그래서 그녀가 자신만의 건전한 욕구를 드러내기를 원했다. 다시 그녀는 질문을 반복했고 그녀의 뇌는 대답을 만들기 위해 바쁘게 일하기 시작했다. 그녀는 다른 무엇보다 자기를 예쁘다고 생각하고 또 그렇게 말해 주는 남자를 원한다고 했다. 크리스마스에 자기와 같이 있고 싶어 하는 남자를, 그리고 술을 적당히 마실 줄 아는 남자를 바란다고 했다.

두뇌가 문답놀이에 적응하자 그녀의 답은 점점 더 세밀해져 갔다. 자신의 외모나 이뤄 낸 성취에 대해 언제, 어떤 칭찬을 듣고 싶은지 말하기 시작한 것이다. 자기 말에 언제 귀를 기울여 주기를 바라는지, 또 당면한 걱정거리에서 벗어나도록 언제 위로해 줘야 하는지 얘기할 수 있게 된 것이다.

더 나은 연인관계와 자신의 욕망을 상상하게 되면서 그레이스는 자신이 필요로 하는 만남을 갖기 위해 특별한 목표를 세우기까지 했다. 우리 둘은 그레이스가 남자를 만날 확률을 높이기 위해 작은 행동을 취하기로 동의했다. 사무실에서 혼자 점심 식사를 하는 대신에 자신이 일하는 건물 지하에 있는 푸드코트에 도시락을 가지고 가 먹기로 한 것이다. 단, 먼저 매력적인 남자 옆에 가까이 앉거나 하는 그런 전략은 쓰지 않기로 했다. 동시에 나는 다음 질문에 대해서도 생각해 보라고 했다.

"백마 탄 왕자님이 한 달 안에 나를 찾아오리라 100퍼센트 확신한다면, 오늘 당장 나는 무엇을 바꿔야 하는가?"

그러자 그레이스는 옷도 더욱 신경 써서 입고 음식섭취에도 관심을 기울이기 시작했다. 내가 볼 땐 이상형을 만나기 위한 준비를 갖춘 것이나 다름없었다. 나는 또 다른 질문으로 그레이스의 호기심을 자극해 그녀가 사무실과 아파트만을 도는 일상에서 벗어나게 유도했다.

"이상형의 남자와 관심분야가 같다고 가정한다면 나는 어디서 그를 만나고 싶은가?"

그레이스는 체육관이나(건강에 대한 관심을 갖는 남자), 비즈니스 모임(자신과 야망을 공유하는 남자), 아니면 교회(영적인 것에 관심이 있는 남자) 같은 곳이었으면 좋겠다고 했다. 상담을 시작한 지 6개월 만에 그레이스는 교회에서 매력적인 남자와 만나게 되었다. 그는 그레이스를 찬양했고, 그녀와 대화하기를 좋아했으며, 지속적인 관계를 맺길 원하는 남자였다. 이 글을 쓰는 지금은 벌써 둘이 결혼한 지 5년이 되어 간다. 매년 받아 보는 크리스마스카드로 짐작해 보건대 지금까지도 잘 지내고 있는 것으로 보인다.

물론 삶이라는 것이 모두 이런 식의 아름다운 결말을 보여 주는 것은 아니다. 하지만 나는 이렇게 작은 질문들을 던지고 우리가 변화했을 때 행복한 일이 일어날 확률을 높아진다는 사실을 수많은 경험을 통해 알 수 있었다. 그레이스의 경우에서처럼, 작은 질문들은 두려움을 우회하고 자신이 원하는 것을 깔끔하게 드러내 보여 줌으로써 행복이 찾아왔을 때 그것을 재빨리 알아볼 수 있도록 만들어 준다.

그레이스를 비롯해 음성사서함에 할당된 질문에 대한 답을 남기도록 했을 때 그 일을 잘 수행하는 사람들이 있다. 하지만 모두가 그런 상담사를 만나는 것도 아니고 모든 상담사들이 사서함에 차고 넘치는 메시지를 좋아하는 것도 아니다. 그럴 때는 가까운 친구나 친지에게 전화를 하는 것도 좋은 방법이다. 일기를 쓰는 것도 괜찮고 자신의 메시지에 자신 스스로가 답을 남기는 것도 좋은 방법이 된다.

뇌를 긍정적으로 프로그래밍하는 방법

언젠가 가정의가 되려는 레지던트들과 LA에 있는 어떤 중학교에 간 적이 있었다. 청소년들이 의사를 싫어한다는 것은 가정의학과에서는 상식에 속하는 얘기였고 또 그때까지 우리 의사들도 뚱한 표정을 지은 채 대화도 하지 않으려는 청소년들을 반쯤은 포기한 상태였다. 특히나 마약 남용, 섹스, 흡연 등과 같은 중요한 문제로 아이들과 이야기를 나누고 싶어 하는 의사들에게 이런 상황은 좌절감을 안겨 주는 것이기도 했다.

'10대들이 다 그렇지 뭐!'라고 생각했지만, 그때 우리들 중 누구도 의사를 만나는 일을 덜 힘들게 할 방법이 무엇인지 청소년들에게 물어본 적이 없다는 것을 깨달았다.

그래서 우리는 의사인 우리 입장이 아니라 아이들 입장에서 더 편한 장소인 교실로 갔다. 거기서 아이들에게 의사를 만나러 갈 때 좋은 점과 나쁜 점이 있다면 그게 무엇인지 물었다. 한 여학생이 손을 들고 말하기를 의사에게 가면 거기서 무슨 치료를 받는 것인지, 파상풍 예방을 위해 두 번째 주사를 맞는 것은 아닌지, 혹은 또 다른 겁나는 치료가 기다리고 있는 것은 아닌지 내내 걱정하는 게 싫다고 했다. 그러면서 진료 초기에 미리 모든 과정을 말해 줘서 환자가 의사의 질문과 조언에 집중할 수 있도록 해 줬으면 좋겠다고 제안했다. 다른 아이들도 동의한다는 뜻으로 고개를 끄덕이고 있었다(우리는 이 제안을 받아들였는데 효과가 꽤 좋았다).

다른 학생은 부모와 함께 병원에 갔으면 좋겠다고 말했는데 우리로서는 그 말이 다소 놀라운 얘기였다. 그때까지 우리들은 청소년들이 부모와 함께 병원을 찾는 것을 부끄러워한다고 생각했기 때문이다. 청소년기의 모순적인 심리상태가 드러나는 경우이겠지만 또 다른 학생은 부모를 거치지 않고 의사들과 바로 개인적인 상담을 하고 싶다고도 했다.

가정의학과 레지던트들은 모두 청소년들이 올바르게 성장할 수 있도록 도와주고 싶은 사람들이다. 하지만 그들 중 누구도 의학적 관점에서 벗어나 청소년들을 하나의 인격체로 존중하려고 한 사람은 없었다. 청소년들과 학교에서 만나, 사소한 질문을 던졌던 이 의사들의 선의는 스몰 스텝 전략의 구성요소나 다름이 없다. 누군가를 존중하고 사랑하게 되면, 미리부터 그런 태도와 답변을 가졌다고 생각했던 사람들조차 새롭게 이해하게 되는 것이다.

이와 비슷한 방식으로 스몰 스텝 전략에서 사용하는 질문을 이용한 사람이 있다. 내가 아는 어떤 교장은 자신과 만난 사람들 중 누구라도 언짢은 표정으로 교장실을 나가게 되면 자기에게 알려 달라고 비서에게 요청했다. 존경받을 만한 이 교장은 학생이든 학부모이든 교장실로 불려 오면 상처받기 쉬워지고 교장실을 나갈 때까지 자기감정을 잘 드러내지 않는다는 것을 알고 있었다. 비서를 자신의 일부로 만듦으로써 민감한 학생과 학부모에 대해 후속조치를 취했던 것이다.

성공한 사장들의 대부분은 부하직원들에게 이런 질문을 던진다. "직원/고객/중개인들이 나에게 바라는 (작은) 개선점은 무엇인가?" 이때 솔직한 답변을 들으려면 그 답에 즉각 보상을 해 주는 것이 중요하다. 내가 아는 법률가는 관련 직원들을 정기적으로 소집한 뒤 자신의 재판 변론을 들려준 후 현장에서 제안을 받는 경우도 있었다.

다른 사람에게 질문을 던지는 것은 내가 원하는 것이 무엇인지 정확히 얘기할 수 없을 때도 도움이 된다. 결혼생활에 만족하지 못하던 여성이 있었다. 남편에게 원하는 것이 뭐냐고 물었을 때 그녀는 그냥 멍한 표정만 지은 채 나를 바라보고 있었다. 그녀는 두 아이를 길러 대학까지 보냈고, 부모가 돌아가실 때까지 모셨으며 남편의 성공을 뒷바라지한 여성이었다. 그녀는 많은 것을 이뤄 냈지만 아이와 남편과 부모에게 너무 오랫동안 헌신한 탓에 정작 자신이 원하는 것은 무엇인지 잊어버리고 있는 상태였다. 그녀는 자신을 대하는 남편의 태도에 화가 난다고 했지만 어떻게 대우받고 싶은지는 말하지 못했다. 그래서 나는 그녀에게 행복한 결혼생활을 하는 친구들에게 이런 질문을 던져 보라고 했다. "넌 남편이 어떻게 해 줄 때 행복하니?" 친구들의 답변을 통해 그녀는 결혼 생활의 메뉴를 작성했고 결국엔 자신의 질문에 답할 수 있게 되었다.

나는 현재 생활에 만족하지 못하는 사람들을 수도 없이 만나 보았다. 하지만 어느 누구도 자신이 진정으로 원하는 것이 무엇인지 생각해 본 적이 없었다. 이들의 대부분은 직업을 그저 돈 버는 수단으로 여겼고 그게 전부였다. 그들은 한 번도 자신에게 자부심과 만족을 가져다 주는 직업이 무엇인지 질문한 적이 없었다. 이런 경우 나는 자기 직업에 만족감과 즐거움을 누리는 친구들을 찾아 물어보라고 권한다. "네 직업의 어떤 면이 네 마음에 드니?"라고 말이다. 여기에서 얻은 답변은 일에서 즐거움을 얻는다는 것이 무엇인지 생각하는 계기가 될 것이다.

질문이 갖고 있는 힘이 항상 역동적이고 생산적인 방향으로만 작용하는 것은 아니다. 나는 내 고객들이 스스로에게 가혹한 질문을 헤아릴 수 없이 던지는 경우를 보아 왔다. 혹 여러분도 다음과 같은 질문을 스스로에게 던져 본 적이 있는가?

"왜 이렇게 바보 같지?"
"어쩜 이렇게 어리석을 수가 있지?"
"왜 다른 사람들은 모두 나보다 편하게 사는 걸까?"

이런 질문들은 우리들의 단점과 실수(실상은 상상이거나 과장된 것들이 태반이지만)에 무자비한 스포트라이트를 비추는 것과 같다. 어떤 경우엔 이런 질문이 우리를 자극하기도 하지만 대부분은 약점을 부각시키고 부족한 점을 강조하기 마련이다.

나는 자신감이 부족한 사람들이 이런 식으로 자기 자신에게 상처를 주는 것을 많이 봐 왔다. 이럴 때 나는 또 다른 스몰 스텝 전략의 한 방법을 권해 준다. 날마다 내 사서함에 전화를 걸어 자신에 대한 긍정적인 생각이나, 그날 행한 긍정적인 행동 등에 대해 이야기하게 하는 것이다. 아무리 사소한 것이라도 상관은 없다.

그러면 대부분 한 달이 지나지 않아 자신을 짓누르고 있던 문제가 그렇게 어려운 건 아닌 것 같다고 얘기를 해 온다. 이때부터 스스로를 긍정적으로 바라보게 되고, 변화라는 것을 자신의 결점을 수정해야 하는 것이 아니라 용기와 체력을 필요로 하는 긴 여행으로 받아들이게 된다.

"나는 왜 이렇게 뚱뚱한 거야?", "나는 왜 이리 어리석은 거지?"와 같은 부정적인 질문으로 자신을 괴롭히는 성향이 있다면 이제부터는 이렇게 묻자. "오늘 내가 잘 해낸 일은 뭐가 있지?" 매일 이렇게 질문을 던지고, 종이나 일기장 등에 그 답을 적도록 해 보자. 그 결과는 기대 이상일 것이다.

변화하고 싶다면 작고 긍정적인 질문을 던져야 한다. 그렇게 했을 때 우리의 뇌는 창의성을 발휘할 수 있도록 프로그래밍된다. 질문 하나를 선택해 몇 날 며칠 동안이라도 반복해야 한다. 고압적인 명령이나 요구를 던져 얼어붙게 하지 말고 즐거운 도전으로 받아들이게 해야 생산적인 결과를 만들어 낼 수 있다. 목표가 창조적인 돌파구를 찾는 것이거나 개선을 위한 아이디어를 얻는 것이라면 답을 얻는 것만으로 끝이 날 수 있다. 하지만 어렵고 힘든 목표를 달성하는 것이라면 작은 질문은 변화를 향해 나아가는 첫걸음이 된다.

해결책은 아주 사소한 것에 있다

아래의 질문들은 자신에게 작은 질문을 던지는 습관을 만들기 위한 것이다. 어떤 것들은 특정한 목표를 획득하기 위한 것이고, 어떤 것들은 우리 삶의 지속적인 발전을 위한 것들이다.

기억해 두자. 우리 마음과 정신을 재프로그래밍하려면 시간이 필요하다. 끊임없이 반복해야 한다. 매일 아침 커피를 마실 때, 차에 올라 탈 때, 혹은 잠자리에 들기 전에라도 규칙적으로 질문을 던져야 한다. 질문을 포스트잇에 적어 침실용 전등갓에 붙이거나 자동차 계기판, 커피주전자에 붙여 두는 것도 괜찮다. 다음은 변화를 시도할 때 도움을 주는 몇 가지 아이디어들이다. 부담 갖지 말라. 하지만 자기 것이 되도록 반복해 보자.

❶ 지금 자신이 불행하다고 느끼는데 왜 그런지 모르겠다면 이렇게 자문하도록 하자.

"실패하지 않는다는 보장이 있다면 내가 달리 할 수 있는 일은 무엇일까?"

이 질문은 다소 엉뚱한 구석이 있기에 뇌를 긴장시키지 않는다. 뇌는 놀라운 답을 제시할 것이며 당신이 진정 원하는 목표가 무엇인지 분명하게 드러내 보여 줄 것이다. 업무실적이 지체되는 사람이라면 자기가 진정으로 원하는 것은 지금 직장을 그만두고 조경사가 되는 것이라는 답을 얻을 수도 있다. 또 어떤 사람은 단지 아침마다 직장 상사에게 "안녕하세요."라고 용감하게 인사하는 것뿐이라는 걸 알고 놀랄 수 있을 것이다.

❷ 어떤 특정한 목표를 달성하고자 한다면 매일 이렇게 자문해 보도록 하자.

"목표에 도달하기 위해 지금 당장 내가 취할 수 있는 작은 행동은 무엇일까?"

큰소리로 외치든, 머릿속으로 조근조근 되뇌든 상관없다. 사랑하는 친구에게 하듯이 해야 한다. 패트릭의 첫 상황을 떠올려라. 격양되는 순간 창의적인 답은 나오지 않는다.

❸ 비즈니스 세계에서는 살아남기 위해 항상 새로운 길을 모색해야 한다. 이런 기업의 생존 룰은 개인적 문제에도 마땅히 적용되어야 한다는 것이 내 생각이다. 인간관계, 경력 관리, 건강 등등 세상에 당연한 것은 없다. 지금 상황에 대체로 만족하지만 개선의 가능성을 열어 두고 싶다면 질문을 조금 변형해 이렇게 자문하자.

"건강(혹은 인간관계, 경력 아니면 다른 어떤 것들)을 조금이라도 향상시키기 위해 내가 할 수 있는 작은 일은 무엇일까?"

이 질문은 여유가 있다. 뇌가 뛰어놀 수 있는 시간을 줄 것이다. 놀라운 답이 기다리고 있을지 모른다.

❹ 우리는 종종 가장 중요하다고 생각하는 사람에게만 관심을 기울이는 경향이 있다. 대표선수, 문제아, 배우자 등등. 하지만 우리에게 또 다른 통찰을 줄 수 있는 사람들이 있다. 이렇게 자문하라.

"직장에서든 개인적인 삶에서든 내가 오랫동안 의견을 들어보지 못한 사람이 있는가? 있다면 그에게 어떤 작은 질문을 던질 수 있을까?"

이 질문은 타인과 직장 상사, 동료 혹은 이웃과 심각한 갈등을 겪고 있으면서도 이 문제를 경시하고 있는 사람들을 위한 것이다. 매일 아침 이렇게 자문하자.

"이 사람의 장점 한 가지를 찾자면 어떤 것이 있을까?"

당신에게 인식된 그 사람의 자잘한 단점과 마찬가지로 그의 장점도 드러나게 될 것이다.

❺ 당신이 세상에 대해 비관적이거나 부정적으로 흐르는 경향이 있다면 이런 질문을 던지도록 하자.

"나에게(우리 가족 혹은 우리 조직에) **특별한 점이 있다면 그건 무엇일까?"**

이 질문을 계속해서 반복한다면 결국엔 특별한 점을 찾아내게 될 것이다. 이것이 바로 질문의 힘이다. 당신은 이제 질문으로부터 얻은 답을 가족과 조직을 위해 활용하기만 하면 되는 것이다.

3장

꿈을 현실로 바꾸는 '작은 생각'의 힘

'마음 조각하기'라는 간단한 기술을 사용해

새로운 사회적 기술과, 정신적 기술

심지어는 육체적인 것까지 개발할 수 있다.

간단하다.

그냥 하고 있는 모습을 상상하기만 하면 된다.

좋은 일을 생각하면 좋은 일이 생긴다.
나쁜 일을 생각하면 나쁜 일이 생긴다.
여러분은 여러분이 하루 종일 생각하고 있는,
바로 그것이다.

_ 조셉 머피

상상과 현실은 한 끗 차이다

자신을 변화시키는 최고의 방법은 첫발부터 떼고 보는 것이라는 말이 있다. 그렇게 했을 때에야 비로소 경사길을 내려가는 것처럼 가속도가 붙어 변화에 대한 두려움과 거부감도 이겨 낼 수 있기 때문이다. 이 생각은 보다 대중적인 격언의 형태로 체육관 벽에 붙어 있다. 바로 이것이다.

"그냥 하는 거야! Just do it!"

데이트를 할 때나 사회적 관계를 늘리거나 발표를 앞두었을 때 흔히 "될 때까지 되는 척을 해."라는 말을 하기도 한다. 하지만 칵테일 파티에 혼자 참석해 모르는 사람들에게 손키스를 날리면서 파티 내내 자신만만하고 매력적인 사람인 척하려는, 수줍음 많은 누군가를 상상해 보자. 이 사람은 이런 척하는 자신의 행동이 고문처럼 느껴질 것이다. 그는 두통을 안고 집으로 곧장 달려가서 다시는 허세 같은 것은 부리지 않겠다고 맹세할지도 모를 일이다.

이럴 때 고통 없이 자신을 단련시킬 수 있는 아주 쉬운 방법이 있다. 힘든 업무를 수행할 때나 자기 본성도 아니고 타고난 재능과도 거리가 멀다고 생각하는 일까지 어렵지 않게 해낼 수 있는 방법이다. '마음 조각하기mind sculpture'라고 부르는 이 방법은 힘든 경기를 앞두었을 때, 소개팅을 시작하기 전, 직원들과 효과적으로 이야기하고 싶을 때도 도움이 된다.

'마음 조각하기'는 다음과 같은 최첨단 신경과학의 성과를 활용한 것이다. **신경과학에서는 인간의 뇌가 정보를 한꺼번에 수용할 때보다 아주 적은 정보, 일반적으로 믿는 것보다 훨씬 더**

적은 정보를 조금씩 수용할 때 더 효과적으로 작동한다고 얘기한다.

아마도 어떤 사람은 '상상 요법'이라는 개념에 더 익숙할 것이다. 상상 요법은 전통적으로 심리학자들이 환자들을 치료할 때 사용하는 방법으로, 눈을 감고 깊은 숨을 들이 쉰 다음, 영화 스크린 위에 투사되는 자신의 모습을 떠올려 보라는 말로 시작한다. 그런 다음 골프채를 휘두르는 모습이든 발표하는 모습이든 자신이 향상시키고 싶은 것을 완벽하고 자신감 있게 해내는 모습을 상상하라고 한다. 이 상상 요법만으로는 제한된 결과만을 얻을 수 있는데, 양전자단층촬영법PET으로 이 과정을 촬영했을 때 뇌의 시각피질(시각 정보를 처리하는 곳)만이 밝게 빛난다는 것을 알 수 있다.

이안 로버트슨이 개발한 '마음 조각하기'는 시각 위주의 감각 몰입과정을 총체적인 몰입과정으로 만든 새로운 기법이다. 이것을 실행하는 사람은 자신이 실질적인 행동에 돌입해 있다고 가정한다. 이때 시각뿐만 아니라 청각, 후각, 촉각까지 동원되고 근육의 움직임과 감정의 기복까지 상상을 통해 머릿속에서 생생하게 재현된다.

내가 '마음 조각하기'를 설명하기 위해 자주 소개하는 사례가 수영선수 마이클 펠프스다. 펠프스는 그가 출전한 올림픽에서 모두 22개의 메달을 땄으며 그중 18개가 금메달이었다. 베이징 올림픽에서 그의 코치는 펠프스에게 잠자리에 누워서도 마음을 조각하라고 지시했다고 한다. 지시에 따라, 그는 출발대에 올라설 때의 긴장감, 총소리가 울리는 찰나의 순간, 입수할 때의 느낌, 힘차고 부드럽게 물살을 가르는 모습, 벽을 짚고 턴하는 과정 등등 경기장에서 일어날 수 있는 모든 것들을 상상했다. 단순히 스크린 위에서 이 모든 과정을 수행하는 자신의 모습을 지켜보는 것이 아니라 실제 수영장 안에서 경기를 벌이는 자신의 모습을 상상한 것이다. 이전 상상 요법을 사용했던 사람들처럼 했다면 그는 시각적 상상력만을 동원했을 것이다.

당신도 펠프스와 같은 방법을 시도해 볼 수 있다. 출발대 위에 올라서서 천천히 모자를 쓰고 미친 듯한 관중들의 함성소리가 울려오는 것을 상상하는 것 말이다.

펠프스는 실제 경기에 돌입하기 전에도 '마음 조각하기' 훈련을 계속했는데, 한번은 올림픽 경기 당일 고글에 물이 들어가는 사고로 우승을 놓친 적도 있었다. 하지만 그의 '마음 조각하기'에는 이런 사고까지 준비되어 있었다. 이 실수에 따른 심적 부담마저 떨쳐 낸 그가 베이징에서 딴 금메달은 올림픽 역사상 단일 종목 개인 최다인 8개였다.

두뇌 재활 분야의 세계적인 권위자 이안 로버트슨은 자신의 책 『마음 조각하기』에서 두뇌는 상상으로 하는 것과 실제로 하는 것을 구분하지 못한다는 이론을 내 놓았다. 그 이론에 따르면 펠프스의 뇌는 상상하는 모든 정보를 뇌 속에 가둬두지 않고 펠프스의 근육으로도 보낸 셈이다. 펠프스의 뇌가 만들어 낸 생생한 훈련 과정은 올림픽 역사를 새롭게 쓸 만큼 충분한 것이었다. 사실상 펠프스의 뇌와 몸이 쉴 새 없이 경기를 연습한 것이나 다름없다.

오감을 이용해 어떤 일을 하고 있는 모습을 몇 분간 상상하는 것만으로도 두뇌의 화학적 조성은 변한다. 뇌는 세포와 세포의 연결망을 새롭게 구성해 복잡한 운동 능력이나 언어적인 기술까지 창조해 낸다. 충분한 연습이 뒤따르면 새로운 패턴이 만들어지는 것이다. 연구에 따르면 손가락을 두들기며 실제 피아노 연습을 매일 두 시간씩 한 사람과 그냥 상상만으로 연습한 사람의 두뇌 활동 증가율이 비슷했다고 한다. 이와 같은 방식으로 마음속 리허설을 함으로써 어려운 일에 먼저 도전할 수 있다. '마음 조각하기'는 비생산적인 두려움을 잠재우고 '첫발부터 떼는 전략'이다. 그 첫발은 매우 가벼우면서도 다른 한편 상당한 무게감을 갖는 것이다. 왜냐하면 두뇌를 훈련하는 것만으로도 실질적으로 필요로 하는 기술을 습득할 수 있기 때문이다.

하루에 딱 30초만 상상하라

한 여성이 있었다. 그녀는 나를 찾아왔을 땐 거의 울음을 터뜨리기 일보 직전이었다. 그녀는 기면발작(깨어 있으면서도 렘수면 상태에 빠져드는 질병)으로 고통을 겪고 있었다. 효과가 좋은 약이 있었지만 문제는 이 여성이 약을 삼킬 수 없다는 것이었다. 얘기를 들어 보니 십대 때 기면발작과는 관련 없는 병으로 알약을 복용했다가 생명을 잃을 뻔한 경험이 있었다고 한다. 그 이후로 그녀는 알약을 전혀 삼킬 수 없는 상태가 된 것이다. 알약을 먹으려 할 때마다 그녀의 뇌가 기억 속에 저장된 사고를 끄집어냈고 신체는 격렬한 거부반응을 일으켰던 것이다. 나는 그녀에게 뇌가 다른 시나리오를 저장할 수 있도록 '마음 조각하기'를 해 보라고 권유했다. 처방된 약을 수월하게 먹고 긍정적인 효과를 얻는 모습을 상상하게 한 것이다. 이 이미지 하나만을 상상하는 것만으로도 효과는 충분했다. 그녀는 자신의 두려움을 완화시킬 수 있었고 알약을 복용할 수 있게 된 것이다.

대기업의 관리자였던 마이클도 '마음 조각하기'를 통해 우리들의 영감을 자극하는 소중한 체험을 했다. 마이클이 다니는 회사의 인적자원부에서 나에게 아주 특이한 요청을 해 왔다. 직원들의 인사고과를 작성하게끔 마이클을 설득해 달라는 것이었다. 마이클은 오랫동안 이 보고서를 작성하지 않아 회사 정책을 위반한 상태였다. 위로부터의 압력과 아래 직원들의 불평이 들끓었지만 그는 보고서 작성을 계속 미루고 있었다. 당연히 팀의 사기는 떨어졌고 재능 있는 직원들은 부서를 옮기고 싶어 했다. 마이클은 회사가 놓치기엔 아까울 만큼 창의적인 인재지만 관리능력엔 확실히 문제가 있었다.

마이클은 회사로부터 나의 지시를 반드시 따라야 한다는 얘기를 들은 상태였다. 하지만 마이클은 내게 너무 바빠서 보고서를 작성할 시간도 없을뿐더러 보고서 작성에 왜 이견이 있는지 나와 세세한 대화를 주고받을 틈도 없다고 고집을 부렸다. 일견 맞는 말이기도 했다. 실제 그는 업무가 폭주하는 상태였다. 하지만 꼭 그렇다고 할 수도 없었다. 보고서를 작성하고 싶다면 얼마든지 시간을 만들 수 있는 여지는 있었다. 그는 문제가 있는 직원과 대립하는 것을 몹시 불편해했고, 업무성과가 좋은 직원의 보고서를 작성하는 것은 시간낭비라고 생각하고 있었다. 흡사 '그냥 둬도 잘하는 일에 칭찬을 늘어놓을 필요는 없다'는 철학을 가진 사람 같았다. 그러니 보고서 작성은 그의 '할 일' 목록의 맨 밑바닥에 있었던 것이다. 나는 마이클의 변화를 이끌어 내기 위해 대립과 대화를 기피하는 성향을 개선할 방안을 찾아야만 했다. 나는 그와 거래를 해야겠다고 생각하고 마이클을 찾아가 다음과 같이 말했다.

"내 목표는 당신이 인사고과 평가 작성을 즐기게 하는 것입니다. 내 생각엔 당신이 하루 30초씩 석 달만 투자하면 그렇게 될 수 있을 것이라 봅니다. 그렇게 되지 않으면 인적자원부로 가서 내 지시를 모두 따랐는데도 효과가 없었다고 말해도 좋습니다."

이런 제안은 너무 작은 것이라 마이클도 거부할 수가 없었다. 첫 한 달 동안, 마이클은 매일 30초씩 '마음 조각하기'에 투자했다. 그에게 나는 자기 부서 직원 중 한 사람이 업무를 완벽하게 처리하고 있는 것에 대해 열정적인 목소리로 세세한 부분까지 칭찬하는 모습을 상상해 보라고 했다. 그는 그 사람 앞에 어떻게 서야 할지, 어떤 자세로 다가가야 할지, 목소리는 어떻게 꾸미고 주변 소음과 냄새는 어떠해야 할지 상상해야 했다.

나는 여러 이유를 들어 마이클이 칭찬을 시작하기를 바란다고 했다. 대부분의 사람들처럼 마이클도 비난보다 칭찬이 더 쉽다는 것을 알았지만 너무 오랫동안 이 문제를 방치해 자신의 조직원들을 그저 문제가 있는 집단으로 보고 있었을 뿐이었다. 하지만 나와 함께 그는 조금씩 달라지고 있었다.

심리학의 연구결과에 의하면 과소평가 받는 사람들은 비판에 대해서는 분노로 맞서고 충고에 대해서는 무시로 대응하는 성향이 있다고 한다. 칭찬을 행하는 '마음 조각하기'를 통해 마이클은 자신에게 부자연스럽다고 여겨지던 행동을 배운 것만이 아니다. 그는 직원들의 만족감을 높여, 생산성을 향상시키는 기술까지 배웠다.

나는 마이클에게 이 '마음 조각하기'를 가족에게까지 확장해 보라고 했다. 짐작컨대 그는 집에서도 과묵할 것 같았기 때문이다. 그에게 30초 동안 아내나 세 자녀 중 한 사람을 구체적으로 칭찬하는 모습을 그려 보라고 했다. 그다음 달엔 칭찬하는 상상을 계속하되 칭찬 한 번에 비판 하나도 곁들이라고도 했다. 또 그 스스로를 어떤 직원으로 상상해 칭찬을 들으면서 얼굴 표정이 어떻게 바뀌고 자세는 어떻게 달라지는지 느껴 보라고도 했다. 집에서는 특정 누군가를 향해 매일매일 큰 소리로 칭찬하라고도 했다. 두 달하고 보름이 지났을 때 그에게서 전화가 왔다.

"제 아내와 아이들이 이렇게 말합니다. '우리 아빠 요즘 어디가 안 좋은 것 같아.'"

하지만 그 말투에는 기분 좋은 감정이 섞여 있었다. 그의 칭찬에 가족들이 사랑과 따뜻함을 담아 그에게 반응한 것이었다. 그가 '마음 조각하기'를 신뢰하기 시작했다는 것은 두말할 나위도 없었다. 그래서 나는 또 다른 제안을 했다.

"하루에 한 번 저에게 전화를 해서 특정한 직원에 대한 칭찬 하나와 비판 하나를 음성사서함에 남겨 보세요."

그렇게 해야 그가 자기 목소리 톤을 연습할 수 있을 것이고 지적과 칭찬을 할 때의 음색과 톤에 대해 내가 논평을 해 줄 수 있기 때문이었다. 석 달 후 그는 보고서를 곧바로 작성할 수 있었다. 복도에서 마주친 직원들과는 즉석에서 의견과 품평을 주고받을 수도 있게 되었다. '마음 조각하기'를 통해 마이클은 새로운 기술을 익히게 된 것뿐만 아니라 이 방법이 손쉽고 적용하기도 좋다는 것을 알게 된 것이다.

마이클 조던, 잭 니클라우스를 비롯한 많은 운동선수들이 상상력의 힘을 이용해 자신의 기술을 향상시킨다고 한다. 하지만 이들은 '마음 조각하기'를 이용하기 전에 이미 그 분야에서 일가를 이룬 사람들이었다. 그러니 매력적인 이성과 대화를 나누거나, 다이어트하는 것조차 두려워하는 우리 같은 사람들이야 어떻겠는가?

마음과 관련한 스몰 스텝 전략은 여전히 손에 잡히지 않는 목표를 달성하기 위해 애쓰고 있는 사람들과 애써 봤던 사람들에게 더없이 어울리는 것이다. 이것은 너무나 안전하고 쉬운 방법이어서 늘 우리를 좌절케 했던 마음속 장애물을 가볍게 뛰어넘을 수 있게 한다. '마음 조각하기'는 두려움을 무력화시키는 데도 큰 효력을 발휘한다. 지진이나 큰 사고를 당한 사람들은 갑자기 떠오르는, 사건 순간의 생생한 회상flashback 때문에 끊임없이 고통을 받곤 한다. 하지만 '마음 조각하기'를 통해 스스로 그 사건의 순간으로 걸어 들어가 긍정적인 해결책을 마련할 수가 있다. 악몽에 시달리는 사람들도 마찬가지다. 나는 그들 모두에게 두려움의 순간을 다시 떠올려 긍정적인 결말을 만들라고 주문한다. 상당수의 내 고객들이 이 기법을 사용해 며칠 만에 악몽과 고통으로부터 벗어났다.

'마음 조각하기'의 효과가 신속하고 빠른 것은 아니니다. 하지만 이 기법은 상당히 신뢰할 만하고 응용범위도 넓다. 많은 사람들이 다음과 같은 일에 '마음 조각하기'를 사용한다.

- 병원에 대한 두려움 극복하기
- 감정적으로 격한 상황에서 폭발하지 않고 차분하게 대응하기
- 식사량 조절하기
- 규칙적인 운동에 대한 권태감 이겨 내기
- 보다 편안한 상태로 낯선 사람에게 말 걸기

장애물을 없애는 마음 조각법

목표가 무엇이든, '마음 조각하기'는 변화를 위해 사용할 수 있는 가장 훌륭한 방법이다. 아래는 '마음 조각하기'를 이용한 스몰 스텝 전략이다.

❶ 하기 싫거나 불편한 일들을 따로 구분하자. 실제 이 일을 하기 전 적어도 한 달 정도의 시간을 주자.

❷ 매일 '마음 조각하기'에 몇 초를 투자할지 결정하자. 몇 분, 몇 시간이 아니다. 단지 몇 초다. 시간이 짧아야 매일 쉽게 해낼 수 있다. 그리고 반복은 필수다. 한 번에 몇초뿐일지라도 반복해야 뇌는 그것이 중요한 것이라고 인식한다. 그리고 새로운 행동을 시작하기 위해 두뇌 회로망을 재구성하기 시작한다.

❸ '마음 조각하기'를 훈련할 준비가 되었다면 조용하고 편안한 장소에서 시작하자. 앉거나 누워도 되고 눈은 감아야 한다.

❹ 어렵거나 불편한 상황에 놓여 있다고 상상하고 눈을 돌려 주위를 살펴보자. 뭐가 보이는가? 어떤 배경인가? 거기에 누가 있는가? 그들은 누구와 닮았는가? 표정, 옷매무새, 자세 등을 자세히 살펴보자.

❺ 이제 다른 감각을 동원하자. 주변에서 느껴지는 소리, 냄새, 맛, 감촉은 어떤가?

❻ 실제 근육을 움직이지 않고 그들 앞에서 일을 해내는 모습을 상상하자. 무슨 단어를 사용하는가? 목소리는 어떻게 들리고 몸에는 어떤 반응이 오는가? 어떤 몸짓을 하고 있는가?

❼ 행동에 긍정적인 반응이 오고 있다고 상상하자. 대중 연설을 상상했다면 청중들이 강단을 향해 몸을 기울이며 즉각적인 반응을 보인다고 생각하는 것이다. 열심히 필기하는 소리까지 들려오고 있다.

❽ '마음 조각하기'에 투자한 시간이 습관이 되고 재미있게 느껴진다면 이제 예전에는 어렵게만 여겨지던 일들을 시작할 수 있는 단계에 올라와 있는지 모른다. 그렇지 않다 해도 상관은 없다. '마음 조각하기'는 억지로 진도를 나가는 것이 아니다. 편안하고 쉽게 느껴질 때만 효과가 나타난다. '마음 조각하기'에 투자하는 시간을 조금 늘려 보자. 천천히 조금씩, 30초 정도면 적당하다. 이전 단계가 힘들지 않을 때 시간을 늘려야 한다. 훈련하지 않았다거나, 깜빡 잊고 못하는 경우가 있다면 시간을 줄여야 한다.

❾ 어떤 일에 '마음 조각하기'를 사용하는 것이 편안하게 느껴진다면(이런 느낌을 갖는 데엔 며칠, 몇 주 아니면 그 이상 오래 걸릴 수도 있다) 최악의 시나리오를 가정해 보자. 어떻게 대응해야 하는 걸까? 대중연설을 하고 있다면 청중들이 지루해하며 자기들끼리 수군거리기 시작하는 것이다. 식은땀이 흐르겠지만 이 상황에서 어떤 말을 해야 하고 표정과 몸짓은 어떻게 해야 할까 상상하자.

❿ 이제 진짜 행동에 돌입할 수 있겠다고 여겨진다면 작은 것부터 시작하자. 앞서 대중연설의 예를 계속 가져오면 친한 친구 한 사람을 청중으로 두거나, 빈 방에서 큰 소리로 연설을 시작해 보는 것이다.

15초만 해도 충분하다

많은 사람들이 실제 하고 싶은 일이 무엇인지 알지만 뜻대로 되지 않을 때 '마음 조각하기'를 사용한다. 하지만 **행동에 돌입하기 위해 스스로를 불안하게 만들어서는 안 된다.** 예를 들어 야채를 더 많이 먹어야 한다면 하루에 15초 정도 브로콜리와 같은 야채를 즐겨 먹는 모습을 상상하는 것이다. 이 작업이 습관이 되고 심지어는 즐길 만한 것이 되었을 때, 30초 정도 혹은 필요하다고 생각하는 만큼 시간을 늘리는 것도 좋다(그러고 나서야 하나 혹은 두

개 정도의 브로콜리를 먹는 실제 행동에 돌입해야 한다).

다른 스몰 스텝 전략과 마찬가지로 변화를 향한 어떤 단계에서든 '마음 조각하기'를 사용할 수 있다. 병이 났거나 스케줄이 충돌해 실제 행동을 할 수 없을 때에도 '마음 조각하기'는 유용하다. 목표를 성취한 후일지라도 새로운 기술, 습관을 바꾸고 싶다면 또 다른 '마음 조각하기'를 시도해 볼 수 있다.

아래는 특정한 목표를 달성하기 위한 몇 가지 제안이다. 이것만은 기억하자. 작은 질문은 '마음 조각하기'에 필요한 아이디어를 얻는 가장 효과적인 수단이다. 이렇게 질문을 던져 보자.

"목표 달성을 위해 내가 할 수 있는 가장 작은 일은 무엇인가?"

며칠 몇 주 동안일지라도 이 질문을 곱씹어야 한다. 답을 얻었을 때 비로소 '마음 조각하기'도 시작된다. 식사량을 조절하고 싶다면 식탁에 앉은 모습을 상상하자. 당신 앞에 음식이 남아 있는 접시가 있다. 음식이 어떻게 보이는가? 냄새와 맛은 어떨 것 같은가? 이제 접시에 음식이 남아 있는데도 수저를 내려놓는 모습을 상상하자. 수저를 내려놓는 소리가 어떻게 들리는가? 냅킨을 집어 올려 감촉을 느껴보고 식탁에서 의자를 뺄 때 나는 소리와 몸이 움직이는 느낌도 상상하자. 일어서서 아무렇지도 않게 돌아서는 당신의 모습도 상상하자.

분노 조절이 안 된다면 이렇게 해 보자. 자기비판을 하거나 스스로에게 가혹하게 구는 상황을 떠올리자. 자기비판이 강한 사람은 대개 타인에게는 친절한 경우가 있다. 친한 친구나 어린아이가 당신이 저지른 똑같은 실수를 범했다고 상상하자. 당신이 스스로 상처를 주었던 그 말을 그도 듣게 된다. "이런 바보 같은 놈!", "난 뭐 하나 제대로 하는 게 없어!" 이제 그 사람을 위로하고 있는 자신을 떠올려 보자. 괴로워하는 사람에 대해 사랑과 연민의 감정을 어떻게 표출해야 할까? 어떤 몸짓과 말을 사용해야 할까?

손상된 관계를 회복하고 싶다면 먼저 그 사람의 어떤 행동이 나를 화나게 하는지 떠올리자. 이제 그 사람이 바로 그 행동을 할 때 내가 어떻게 반응해야 이상적일지 상상해 보자. 몸이 어떻게 느껴지는가? 벌컥 화내지 않고 이성적인 태도를 유지할 수 있는가? 어떤 어조로 어떻게 말해야 하는가? 또 어떤 자세를 취해야 할까?

우리는 모두 긴장을 푸는 법을 배울 필요가 있다. 사람을 짜증나게 하고 신경질 나게 만드는 상황을 떠올려 보자. 차가 엄청나게 막힐 때 대부분 이런 반응이 나온다. 당신이 이런 상황에 놓였다면 우아하고 점잖은 태도를 유지할 수 있는가? 교통체증 앞에 울컥하는 내 모습을 개선하고 싶다면 주위의 다른 차들이 경적을 울리고 험하게 운전하는 와중에도 근육의 긴장을 푼 채, 호흡을 고르게 쉬며 운전대를 차분하게 잡고 있는 모습을 그려 보자. 심지어 끼어들려는 차량에 오케이 사인을 보내는 자신을 떠올려 보자.

4장

포기하지 않게 만드는 '작은 행동'의 힘

작은 행동은 스몰 스텝 전략의 핵심이다.

아주 작은 행동을 취해야만

번번이 좌절을 경험케 했던 장애물을

조용히 지나갈 수 있으며 심지어 그것들을 사소하고

웃어넘길 만한 것으로까지 느낄 수 있다.

천천히 하되 괴롭지 않아야 한다.

그래야만 지속할 수 있고

변화를 위한 새로운 길을 개척할 수 있다.

위대한 행동이라는 것은 없다.
위대한 사랑으로 행한
작은 행동들이 있을 뿐이다.

_테레사 수녀

쉬우면 실패할 수 없다

작은 행동은 스몰 스텝 전략의 기반이다. 작은 질문, 작은 생각을 아무리 많이 준비하고 훈련했다고 해도 궁극에는 행동을 통해 변화를 이끌어 내야 하기 때문이다. 새로운 사업을 하기 위해 간판을 다는 것이나 까다로운 가족과 대면하는 일이나 마찬가지이다. 스몰 스텝 전략에서 첫 행동은 말 그대로 아주 작아야 한다. 너무 작아서 이상하거나 실없이 여겨져도 상관없다. 아래는 스몰 스텝 전략으로 채택할 수 있는 작은 행동들의 예다.

목표	작은 행동
과소비 중단하기	계산대로 가기 전에 쇼핑카트에서 물건 '하나'를 뺀다.
운동 시작하기	매일 아침 러닝머신 앞에서 몇 분 동안 그냥 서 있는다.
스트레스 관리	하루에 한 번, 몸 어느 곳에 긴장이 느껴지는지 점검한다. 그런 다음 깊은 숨을 쉰다.
집안 정리정돈	타이머를 5분으로 맞추고 집 한곳을 골라 정돈한다. 알람이 울리면 그만한다.
외국어 학습	매일 한 단어씩 암기한다. 그것도 어렵다면 매주 하나씩 암기한다.
숙면 취하기	잠자리에 1분 일찍 들거나, 잠이 깨고 1분 더 늦게 일어난다.

이와 같은 작은 행동들은 스몰 스텝 전략을 처음 접하는 초심자들에게 이상하게 여겨질지 모른다. 하지만 몸무게를 줄이려 했거나, 직장을 옮기려 했거나, 멀어져 가는 사랑을 붙잡으려 했던 것처럼, **큰 변화에 맞서 씨름하다 실패한 경험이 있다면 작은 변화가 도움을 줄 수 있다. 과감한 시도는 역효과를 불러올 수 있다. 과감한 노력들은 앞에 놓여 있는 견고한 장애물들을 고려하지 않는다.** 부족한 시간, 빠듯한 예산, 몸에 밴 관성 등은 변화 앞에 놓인 심각한 장애물이다. 뿐만 아니라 앞서 보았듯이 급진적인 변화는 의심과 두려움 같은 것을 깨워 편도체로 하여금 경보

를 울리게끔 한다. '실패하면 어떡하지?', '성공했는데 여전히 불행하면 어떻게 하지?' 뇌는 이와 같은 두려움에 반응해 스트레스 호르몬 수치를 급등시키고 목표로 나아가는 데 필요한 긍정적이고 지속적인 에너지를 차단시킨다.

작은 행동은 시간과 돈도 적게 소요되고 의지력이 부족한 사람들도 할 수 있다. 작은 행동은 다음과 같은 말로 두뇌를 속이는 것이다.

> "이봐. 이건 굉장히 사소한 거야. 노력할 필요도 없고 실패할 위험도 없고 불행해질 이유도 없다고!"

작은 행동은 뇌가 두려움에 반응할 수 없게 해 새롭고 지속적인 습관을 놀라울 정도로 빠르게 형성한다. 하지만 당신은 여전히 의심스러울 것이다. 그래서 다음과 같은 질문을 던진다.

> "그렇지만 어떻게 목표를 달성하지? 난 여윳돈도 없고 종일 쉴 틈도 없는데?"

힘을 내자. 세상에서 가장 좋은 것들이 그렇듯 작은 행동에는

비용이 따르지 않는다. 1~2분 정도만 할애해도 되기 때문에 어떤 일정에도 맞출 수가 있다.

시간과 비용을 동시에 줄이는 방법

내가 한 병원을 찾아갔을 때 그 병원은 파산 위기에 처해 있었다. 환자들이 급속도로 빠져나가고 있었고 재정적으로도 이미 위험한 상황이었다. 그곳에 있는 환자들은 그들대로 불만이 많았다. 환자들에게 설문조사를 해 보았더니 병원에 대한 가장 큰 불만은 환자를 너무 오래 기다리게 한다는 것이었다.

의료종사자가 아닐지라도 대부분의 병원에서 대기 시간이 긴 것은 흔한 상황이라는 것을 알 수 있다. 이 문제는 매일 발생하는 응급환자와 예측할 수 없는 돌발 상황 때문에 뾰족한 해결책을 찾기가 힘들다. 예를 들어 피부 발진을 치료받겠다고 찾아온 환자에게 갑작스런 어지럼증이나 가슴통증이 일어나는 순간 나머지 대기 환자의 진료시간은 한정 없이 미뤄지는 것이다.

진료 대기 시간 문제는 까다로운 문제지만 그렇다고 손을 놓을 수는 없는 문제다. 어쨌든 병원으로서는 과감한 해결책을 강구해야 했다. 고가의 소프트웨어를 설치해 환자 대기 시간과 의사의 진료 시간을 조정하자는 제안이 있었다. 또 간호조무사를 고용해 진료시간이 얼마나 오래 걸릴 것인지 환자와 전화로 상담해서 알아내자는 아이디어도 있었다. 나아가 의사 한 사람을 따로 배정해 예약도 없이 찾아오는 환자를 진료하자는 의견도 있었다. 이 방법은 병원에 정말 필요한 신규 환자를 돌볼 시간을 뺏는 것이기에 위험한 발상이었다. 더 큰 문제는 제안된 어떤 아이디어도 병원의 재정으로는 감당하기 힘들다는 사실이다. 의사, 간호사, 접수 직원 등은 각기 다른 이유로 과로를 하고 있었기 때문에 병원의 긴장감은 높아졌고, 환자수가 줄어들고 고객 불만이 쌓이는 원인을 서로에게 떠넘기는 위험한 상황이 연출되고 있었다.

하지만 나는 낙관적이었다. 의료 환경이야말로 스몰 스텝 전략을 적용할 수 있는 최상의 환경이었기 때문이었다. 의학적 관점에서 이상적인 치료란 위험부담 없이 정확하게 작동하는 것을 가장 효율적인 치료로 본다. 약으로 가능하다면 의사는 절대 수술을 하지 않는다. 쉬거나 생활환경을 바꾸는 것으로 치료가 가능하다면 약을 주지도 않는다. 의학에서는 작을수록 좋은 것이다. 내가 할 수 있는 일은 비즈니스적인 문제를 의학적인 용어로 재구성하는 것뿐이었다.

나는 직원들을 모은 뒤 자신들이 고객이었을 때 경험한 최고의 순간과 최악의 순간을 얘기해 보라고 했다. 대부분이 고장 난 컴퓨터, 번거로운 은행 서류 등등을 이야기했는데 그중 누군가가 전화가 고장 났을 때의 경험을 최고의 순간으로 꼽았다. "그게 최고의 경험이라구요?" 내가 묻자 그는 서비스 담당자가 전화가 고장 난 것과 기다리게 한 일에 대해 바로 사과를 했고, 이틀 뒤에는 그 담당자가 전화기 고장 문제가 제대로 해결됐는지 확인하기까지 했기 때문이라고 했다. 거기에 있던 다른 이들도 그 말에 동의했다. 고객 입장에서 최악의 경험이었던 것이 진솔한 사과와 함께 관련 설명만으로도 최고의 경험으로 바뀔 수 있는 것이다. 누구나 실수를 할 수 있다. 하지만 문제가 일어났을 때 그 문제가 고객에게 긍정적인 느낌을 주는지 부정적인 느낌을 주는지를 결정하는 것은 문제가 발생한 후 몇 분 안에 결정된다.

병원 관계자들은 환자들도 은행고객들처럼 시간 약속을 지키지 못하는 병원의 사정을 이해할 것이라고 생각하지만, 환자들은 병원에 들어서는 순간 자신의 몸뿐만 아니라 시간까지 누군가의 손에 저당 잡혔다는 좌절감을 겪고 싶어 하지 않는다. 이제 작은 질문을 던질 시간이 왔다.

"진료 시간이 지연된 환자의 기분을 달래 줄 방안으로는 무엇이 있을까요?"

"비용도 들지 않고 단지 몇 초만 할애하면 되는 방법에 무엇이 있을까요?"

나는 직원들이 열정적으로 대답하는 순간이 놀랍지도 않았다. 아래의 아이디어는 그들이 문제 상황을 해결하기 위해 정리한 것들이다.

- 접수원은 환자에게 기다려야 하는 이유를 설명하고 진료실에 들어갈 수 있는 대략적인 시간을 말해 준다.

- 대기시간이 길어지면 환자에게 다른 의사를 소개하거나 예약 시간을 재조정한다.
- 간호사 또는 간호조무사는 진료실에 들어가기 전 기다린 환자에게 사과를 한다.
- 의사도 진료실에 들어오는 환자에게 사과를 한다.
- 환자가 진료실을 나가기 전에 의사는 환자에게 찾아 줘서 고맙다고 말한다.
- 마지막으로 접수원은 환자가 병원 문을 나서기 전 다시 감사의 뜻을 전한다.

해결책은 주로 "미안합니다."와 "고맙습니다."라는 짧은 문장으로 구성되어 있다. 의심할 여지가 없는 스몰 스텝 전략이다. 이 방법이 시행되자 곧바로 환자들의 만족도는 두 배로 올라갔다. 다른 병원으로 이전하는 환자들의 수도 60%나 줄어들었다. 평균 대기시간은 예전과 달라지지 않았지만 환자들은 "이렇게 친절한 병원은 처음이야!"라고 말하기 시작한 것이다.

작심삼일이 반복되는 이유

매년 12월 31일이 되면 수백만 명의 사람들이 다가올 해를 기다리며 새로운 목표들을 세운다. 살을 빼자, 규칙적인 생활을 하자, 담배를 끊자, 술을 줄이자, 외국어를 마스터하자, 스트레스를 다스리자 등등. 그리고 바로 그다음 날부터 이것들을 한 번에 해내려고 한다. 하지만 전면적이고 갑작스러운 변화에 대해 몸과 마음의 의지력은 그렇게 오래가지 못한다. **조사에 따르면 사람들은 10년 동안 동일한 결심을 반복하는데, 첫 15주 안에 그 중**

1/4이 포기를 하며, 다음 해에 똑같은 결심을 한다고 한다. 스몰 스텝 전략은 이렇게 연례행사처럼 반복되는 실패에 대한 대안이 될 수 있다.

스몰 스텝 전략은 작지만 때때로 급격한 변화를 이끌어 내기도 한다. 병원에서의 내 경험에 따르면 한 가지 작은 변화가 아주 극적인 변화를 이끌어 낼 때가 있다. 집에서도 마찬가지다. 매일 5분 동안 어질러진 장남감이나 주방집기를 치우는 것만으로도 집안을 깨끗이 정리하겠다는 목표를 달성할 수도 있다.

하지만 달성하고자 하는 목표가 정말로 싫은 것이거나(운동하기) 뿌리 깊은 습관(쇼핑 중독) 같은 것과 관련되었다면 한 가지 작은 행동으로는 충분하지 않을 수가 있다. 그럼에도 첫 행동은 두 번째 행동과 세 번째 행동으로 나아가게 하는 발판이며 당신이 최종적인 목표를 달성할 수 있도록 이끈다는 것을 기억해야 한다.

운동할 시간이 없던 두 아이의 엄마 줄리의 이야기로 돌아가 보자. 줄리는 아주 작은 행동, 즉 매일 텔레비전 앞에서 1분 동안 걷는 것으로 시작했다. 이 행동은 줄리의 유산소 운동 능력 향상에 아무런 도움이 되지 않는다. 하지만 줄리에게는 아주 중요한 의미를 주는 것이었다. 생활 속에서 운동할 수 있다는 가능성을 열어 준 것이다. 몇 주가 지난 후, 줄리는 하나의 광고 시간 동안 걷기로 결심했다. 이를 완수하고 나자 이번에는 광고 두 개가 나가는 동안 걷기로 했다. 그러고 나서 줄리는 빠져들기 시작했다. 광고가 끝이 나고 텔레비전 쇼가 다시 시작되었는데도 줄리는 여전히 운동하고 있는 자신을 발견한 것이다. 살아가는 것에 급급했던 여인이 자신이 깨닫지도 못하는 사이 미국 의학협회가 권장하는 하루 30분의 유산소운동을 거의 매일 하게 되었고 그것을 즐기기까지 된 것이다. 이제 운동은 그녀의 습관이 되었고 하루라도 빠트리게 되면 허전한 것이 되기까지 했다.

두려움을 잠재우고 새로운 습관을 들이기 위해 작은 행동을 취하려면 신뢰와 낙천적인 태도가 필요하다. 변화하기 위해 고군분투하는 사람들은 변화하기가 어려워서가 아니라 너무 쉽게 생각하기에 못하는 것이다. 더 빨리, 더 많은 것을 해내야 더 좋은 결과를 얻을 수 있다고 생각하는 것이다. 그들은, 변화는 즉각적이어야 한다는 문화적 통념을 극복해야 하고, 엄격한 자기 절제 능력을 키워야 하고, 그 과정이 즐겁지 않다는 것과도 싸워야 한다. 그들은 처음에 이렇게 생각한다.

'하루 1분으로 언제 내 목표를 달성하겠어?'

'이런 속도라면 해가 넘어가겠다!'

스몰 스텝 전략은 우리에게 인내심을 요구하는 동시에 여유 있는 마음가짐을 권한다. 작은 첫걸음으로도 변화에 수반되는 장애물을 극복할 수 있다는 믿음을 가져야 한다. 변화의 시간표를 통제할 수는 없는 일이다. 즉 우리는 운전이나 스키, 기타 연주를 배울 때 언제가 돼야 그 일을 능숙하게 할 수 있을지 알 수 없다. 하지만 스몰 스텝 전략을 따른다면 이미 목표를 향해 순조롭게 나아가고 있다는 것이고, 그렇게 믿어야 한다.

한 번 해내면 두 번째부터는 쉬워진다

내가 스몰 스텝 전략을 알기 수년 전, 유명한 통증 전문가의 강연을 들을 기회가 있었다. 통증이라는 것이 약이나 다른 의료기기로 완벽히 없앨 수 있는 것은 아니지만 명상과 같은 정신요법으로도 그 고통을 줄일 수는 있다. 그때 그 통증전문가는 청중들에게 집에 가서 하루에 1분씩 명상을 해 볼 것을 권유하고 있었다. 당시 나에게는 꽤 놀라웠던 처방이라 강연이 끝난 후에 나는 1분 명상으로 무슨 도움이 되겠느냐고 그에게 물었다.

그러자 그는 차분한 목소리로 명상이 얼마나 오래된 수련인지 아느냐고 나에게 물었다. “한 2,000~3,000년 정도 되지 않나요?”라고 내가 대답했다. 그러자 그는 다음과 같이 설명했다.

“맞습니다. 그렇다면 청중들이 예전에도 그 얘기를 들을 기회가 있었을 겁니다. 명상이 마음에 든 사람이었다면 이미 책이나 스승을 통해 수련을 하고 있었겠지요. 명상에 대해 들어 보지 않는 사람들에게 하루 1분 동안 명상한다는 것은 자신이 들어 본 것 중 최고로 말이 안 되는 것일 수도 있습니다. 하지만 저는 집에 가서 하루 30분씩 명상을 하려다가 시도조차 하지 못하는 것보다는 하루 1분씩이라도 해낼 수 있는 편이 낫다고 생각합니다. 그 정도면 오히려 좋아할지도 모르죠. 하다가 관두는 걸 잊어버릴 수도 있고요.”

반대하는 사람들을 설득하는 기술적인 면에서도 스몰 스텝 전략은 유용하다. 이와 관련하여 재미난 연구가 있다. 자원봉사자들이 남부 캘리포니아 한 지역의 주택 소유자들에게 “안전 운전하세요.”라는 문구가 써진 작은 스티커를 창문에 붙여 줄 수 있는지를 물었다. 대부분은 그렇게 하겠다고 했다. 자원봉사자들은 다른 지역의 사람들에게는 그런 부탁을 하지 않았다.

2주가 지난 후, 스티커를 부착한 지역과 부착하지 않은 지역의 주택소유자들에게 동일한 문구가 써진 표지판을 앞마당에 세워 줄 수 있겠냐고 물었다. 그런데 이번엔 표지판을 설치할 경우 집이 작아 보이게끔 만든 사진을 보여 주었나. 게다가 그 제안이 매력적으로 보이지 않게끔 표지판 안의 글씨체도 대충 만들어 놓았다. 결과는 어땠을까? 작은 스티커를 붙여 달라는 요청을 받지 않은 지역의 사람들은 83%가 이 제안을 거절했다. 하지만 스티커를 붙여 놓았던 주민들의 경우 76%가 이 제안도 받아들였다. 두 지역 사이의 승낙률에서 무려 4배의 차이가 났던 것이다. 이 연구가 말해 주는 것은 **처음에 한 작은 제안이 두 번째 제안을 받아들일 수 있게 만든다**는 것이다.

다른 연구조사에서도 마찬가지 결론이 나왔다. 사람들은 먼저 작은 행동을 받아들이게 되면 나중에 부담이 가득한 큰 행동도 쉽게 받아들이게 된다. 자선을 상징하는 옷핀을 단 사람이나, 해변에서 낯선 사람의 소지품을 지켜 준 사람은 그렇지 않은 사람보다 자선사업을 위해 더 큰돈을 기부할 수 있고, 도난당한 소지품을 찾기 위해 적극 개입할 수 있다. 이제 작은 행동이 얼마나 효과적으로 변화에 대한 저항감을 무력화시킬 수 있는지 쉽게 상상이 갈 것이다.

이런 경험도 있다. UCLA 의료센터에 있을 때 치실로 이를 닦지 않으려는 사람들이 있었다. 충치나 잇몸질환의 위험을 알고 있고, 치실로 이를 닦는 습관을 들여야 하겠다고 생각은 하고 있지만 실제 행동으로 옮기지는 못하는 사람들이었다. 나는 그들에게 하루에 한 번 치아 하나에만 치실을 사용해 보라고 권했다. 이 정도는 쉽다는 것을 그들도 알았다. 한 달이 지난 후 사람들은 두 가지를 알게 되었다. 치아 하나만 유별나게 깨끗하다는 것과 이상한 실을 집어드는 습관이 생겼다는 것이다.

깨끗한 치아 하나도 대단한 성과지만 더 중요한 것은 사람들이 거기에 만족하지 않았다는 사실이다. 사람들은 두 달째부터 치아 두세 개를 닦기 시작하더니 아예 치아 전체를 닦는 습관을 들이기 시작했다. 하루에 이를 하나만 닦는 것도 잊어버리는 사람에게는 나는 이렇게 주문했다. "치실을 리모컨에 매달아 두거나, 욕실 거울 앞에 붙여두세요."

심각한 병이 올 수 있는데도 규칙적인 운동 습관을 들이지 못하는 사람들이 있다. 그들은 과로하는 경향이 있고 죄책감도 강하고 스트레스에도 민감한 사람들이다. 이런 사람들은 어떻게 해야 하루 30분씩 운동을 할 수 있는지 알지 못한다. 사는 게 너무 힘들어 자발적으로 운동하는 것은 상상도 못한다. 그런데 어쩌면 그들은 현재의 습관(운동하지 않는 습관)이 얼마나 무서운 결과를 초래할지 알고 있는지도 모른다. 이런 사람들을 위해 갈등이나 고통 없이 쉽게 운동을 할 수 있게 만드는 스몰 스텝 전략이야말로 매우 매력적인 것이다. 이런 사람들은 앞서 줄리의 경우처럼 시작하는 것이 좋다. 1분을 해낼 수 있으면 기꺼이 몇 분을 더 하려고 들 것이고 결국엔 열정적으로 운동을 시작하게 될 것이다.

한 번은 비싼 러닝머신을 들여놓은 후 운동을 시작하려던 여성을 만난 적이 있다. 하지만 그녀는 운동을 하지 않고 있었다. 그 이유에 대해 묻자 그녀는 말했다. "그냥 못하겠더라고요." 그래서 그녀에게 스몰 스텝 전략을 활용하기로 했다.

첫 한 달은 신문을 읽거나 커피를 마시면서 러닝머신 위에 그냥 서 있기만 하도록 했다. 다음 달엔 커피를 마신 후 머신 위에서 1분 정도 걷게 했고 매주 1분씩 그 시간을 늘렸다. 정상적인 사람이라면 처음 몇 달 동안의 이 행동은 매우 우스꽝스럽게 보일 것이다. 하지만 그녀 같은 사람에게는 그렇지 않다. 그녀가 우선적으로 제거해야 할 것은 운동에 대한 거부감이었기 때문이다. 곧 이 우스꽝스러운 행동은 머신 위에서 매일 1마일씩 달리는 습관으로 자라났다. 이렇게 천천히 시작해 고정적인 습관이 되는 과정은, 첫 몇 주 동안 폭발적인 운동량을 보이다가 안락한 소파로 되돌아가는 사람과는 정반대다.

변화를 위해 작은 계획들을 아무리 잘 짰다고 할지라도 때때로 저항이라는 벽에 부딪히기 마련이다. 하지만 포기하지 마라. **처음에 시도했던 작은 변화가 어렵다면 그조차도 줄여야 한다. 진짜 목표는 이것이다. 작은 행동을 선택한 이유는 노력한다는 느낌조차 들지 않게끔 만들어 두려움을 우회하는 것이다. 행동이 쉬워야 뇌가 변화를 받아들일 준비가 된다. 장애물을 뛰어넘어 목표에 이르는 길은 이후의 일이다.**

스몰 스텝 전략은 대부분 느린 변화를 수반한다. A지점에서 B지점으로 넘어가는 데 여러 가지 더 작은 단계들을 요구하기도 한다. 변화의 폭이 느려 불만이라면 이렇게 생각하자.

'예전처럼 아예 변하지 않는 것보다 느리더라도 변하는 것이 낫지 않겠는가?'

영국에서 자란 여성에게서 이와 관련하여 아주 흥미로운 얘기를 들은 적이 있다. 그녀는 13세 때 매일 마시는 차에 설탕 네 스푼을 넣는 것이 몸에 해롭다는 사실을 알게 되었다고 한다. 그래서 의지력과 자기절제를 통해 네 스푼 중 세 스푼을 없앴지만 마지막 설탕 한 스푼은 어찌할 수가 없었다. 자신의 의지가 설탕 한 숟갈의 유혹을 이길 만큼 강하지 못하다는 사실을 알게 된 그녀는 설탕 한 스푼를 떠서 그 가운데 알갱이 하나를 없애고 차에 넣었다고 한다. 그리고 다음 날엔 두 알갱이, 그다음 날엔 세 알갱이. 이런 식으로 매일 한 알, 두 알을 없애 나갔던 것이다. 그렇게 티스푼에서 설탕을 비우는 데 근 1년이 걸렸다고 한다. 이 얘기를 들려 줄 때의 나이가 45세였다. 그때까지 그녀는 설탕 없이 차를 마시고 있었다.

작게 움직이면 끝까지 갈 수 있다

새해가 다가오면 누구나 마음먹는 대중적인 결심들이 있다. 내 고객 가운데 그 결심을 성공으로 이끌었던 스몰 스텝 전략의 사례를 여기에 소개한다.

〈목표 : 건강한 식습관 만들기〉

❶ 살찌는 음식은 먹기 전에 한 입 떼어 놓는다. 이 행동을 한 달 동안 계속한다.

❷ 두 번째 달엔 두 입을 떼어 놓는다.

❸ 그다음엔 세 입을 떼어 놓는다. 더 이상 먹고 싶어지지 않을 때까지, 떼에 놓을 것이 없을 때까지 한다.

❹ 그 음식을 포기하게 되었다면 이젠 다른 음식을 천천히 먹는 것에 집중한다. 씹는 동안 두 손은 무릎에 둔다. 완전히 씹어 삼킨 후 다시 음식을 떠서 입에 넣고 이 과정을 반복한다.

〈목표 : 운동하기〉

❶ 소파에서 내려올 수가 없다면 텔레비전을 보는 동안 낡은 테니스공 같은 것을 꽉 쥐어 본다. 이렇게 하면 몇 칼로리라도 소모될 것이고 몸을 움직이는 데도 조금씩 익숙해질 것이다.

❷ 움직일 준비가 되었다면 하루에 한 번 동네 한 바퀴를 걷거나 엘리베이터 대신 계단을 이용한다.

❸ 습관이 될 때까지 매일 계단 한 층을 더 오르거나 동네를 돌면서 지나쳐 가는 집을 늘려 간다.

❹ 운동하고 싶은 욕망을 키우기 위해 가장 좋아하는 활동이 무엇인지 생각해 본다. 수영, 스키, 테니스? 멋진 사진을 찾

아 냉장고나 거울 한 귀퉁이에 붙여 놓는다.

〈목표 : 절약하기〉

❶ 하루에 1달러(1,000원)씩 모은다는 목표를 세운다. 방법 중에 하나는 매일 구매하는 품목을 조정하는 것이다. 커피 사이즈를 줄이거나 카페에서 커피를 마시는 대신 편의점이나 1회용 커피를 이용한다.

❷ 하루 1달러를 절약하는 또 다른 전략은 친구나 동료와 그날 하루의 자잘한 사치를 공유하는 것이다. 라지 사이즈 커피를 주문해 작은 머그에 나눠 먹을 수도 있다.

❸ 1달러씩 매일 절약했다면 그해 말 365달러를 모을 수 있다. 이 가욋돈으로 하고 싶은 목록을 만들고 매일 하나씩 추가해 본다. 이제 즉석에서 채워지는 값싼 만족감보다 장기적이고 규모도 큰 재정목표에 대해 생각하는 법을 배우게 될 것이다.

〈목표 : 폭넓은 인간관계 만들기〉

❶ 나와 흥미가 비슷한 사람을 만나려면 어디로 가야 하는지 생각해 본다. 교육센터, 운동 모임 등등을 적어 내려간다.

❷ 매일 장소와 모임을 추가해 나간다. 잊지 말자. 이것은 해야 할 일 목록이 아니다. 그냥 생각을 모아 놓은 것이다.

❸ 충실하고 행복한 사교활동을 하는 사람을 찾아 그에게 어디서 사람을 만났는지 물어본다.

❹ 어떤 모임에 참석하고 싶지만 바빠서 할 수가 없다면 처음엔 참석률을 아주 낮게 잡아라. 단지 한번만 참석한다는 계획을 세우라. 그리고 15분이나 20분 후에 자리를 뜬다고 생각하라. 이렇게 하면 스케줄의 압박에 시달리지 않고 사회 활동을 이어갈 수 있다.

〈목표 : 연봉 올리기〉

❶ 왜 자신이 연봉 인상을 요구할 자격이 있는지 목록으로 만들고 매일 하나씩 추가해 나간다.

❷ 하루 1분씩 큰 소리로 연봉 인상을 요구하는 훈련을 한다.

❸ 준비가 되었다고 생각할 때까지 훈련시간을 늘린다.

❹ 실제 연봉 인상을 요구하기 전 사장의 거친 반응과 함께 뜻대로 되지 않았어도 노력에 대해 자부심을 느끼며 문을 나서는 상상을 한다(이는 '마음 조각하기'의 한 형태다. 생각보다 오래 지속되는 두려움을 다루는 데 도움이 된다).

〈목표 : 생산적으로 시간 활용하기〉

❶ 쓸모도 없고 관심도 없는데 시간만 잡아먹는 활동들의 목록을 만든다. 텔레비전을 보는 것, 목적 없이 쇼핑하는 것, 쓸데없는 잡지를 읽는 것 등은 시간을 낭비하게 하는 흔한 사례들이다.

❷ 현재보다 생산적일 수 있는 활동들의 목록을 만든다. 매일 하루에 하나씩 추가해 나간다.

❸ 하고 싶은 활동을 찾았다면 실제로 그냥 한번 해 본다. 단, 급하게 뛰어들지 말고 소심하게 해야 한다. 예를 들어 일기를 쓰고 싶다면 하루에 세 문장만 쓰는 것이다. 요가를 배우고 싶다면 체육관 로비에 앉아 있는 것부터 시작해 원생들이 들고 나가는 것을 지켜보는 것만으로도 충분할 수 있다. 이를 통해 내가 그 활동과 관련하여 더 적극적인 활동을 원하는지 알게 될 것이다. 모르는 사이에 텔레비전 앞에서 보내는 시간도 줄어든다.

❹ 생산적으로 살아간다고 여겨지는 사람의 목록을 매일 만들어 본다. 그리고 그 사람과 내가 어떤 점에서 다른지 적어 본다.

사소하면
사소할수록 좋다

사람들이 건강에 해로운 중독에서 벗어나고자 할 때 가장 힘든 점은 성공하고 나서 다시 나쁜 습관으로 돌아갈 공산이 크다는 것이다. 성공하는 시간은 짧더라도 재발되면 오래 헤어나지 못한다. 중독된 것이 담배, 패스트푸드, 술, 마약 등등 기타 다른 무엇이라 할지라도 마찬가지다. 몇 주, 몇 달을 노력해 중독에서 벗어나지만 어느 순간 다시 옛날 방식으로 돌아가고 마는 것은 흔한 일이다. 그럼에도 희망은 있다. 나는 많은 사람들이 스몰 스텝 전략을 사용해 중독에서 완전히 벗어나는 것을 여러 번 목격했다.

담배를 끊었다 다시 흡연을 시작하는 애연가들 사이에서 공통적인 불평을 들었을 때 나는 스몰 스텝 전략의 특별한 한 형태를 권해 보았다. 그들은 모두 "담배는 내 친구"라고 말한다. 웃자고 하는 소리처럼 들리기도 하지만 그냥 하는 소리도 아니었다. 내가 알게 된 사실은 대부분의 애연가들이 자식을 꾸준히 돌볼 수 없었던 부모 밑에서 자랐다는 것이다. 어릴 때부터 누구에게도 자신의 문제를 털어놓을 수 없었고 화가 나도 혼자 삭이는 버릇을 들인 것이다.

흡연과 같은 자기의존은 자주 쓰는 방법이지만 삶의 역경에 대응하는 전략으론 아주 형편없는 방법이다. 우리는 어려움에 처했을 때 다른 사람의 손길을 요청하도록 생물학적으로 디자인되어 있다. 한밤중에 무서운 꿈이나 천둥소리에 놀라 깨어난 아이를 떠올려 보라. 아이는 본능적으로 부모에게 달려간다. 엄마와 아빠에게 매달려서 몇 분 정도 마음을 달래고 나서야 부모의 품에서 잠이 든다. 이런 자연적인 대응 과정이 부모의 육체적, 감정적 결손으로 인해 중단되면 아이들의 본능은 자기의존과 금

욕으로 대체된다. 이런 아이가 어른이 되면 담배나 음식, 또 다른 중독성 물질을 의지할 만한 친구로 삼고 거기에서 지속적인 위안을 받는 것이다. 질병이나 비만, 혹은 그보다 더 심각한 부작용을 안겨 주는데도 말이다. 이런 사람들이 다른 사람에게 도움을 요청하는 법을 배우지 않고 중독에서 벗어나려고 하면 실패할 확률이 높다. '친구' 없이 살아간다는 건 너무 끔찍한 일이기 때문이다.

40대 중반의 레이첼이라는 환자는 위에서 내가 기술한 패턴에 부합하는 삶을 살아온 여성이었다. 어린 시절 그녀는 누구에게도 의지하지 않겠다고 결심했다. 실제로도 그렇게 했다. 그녀는 경제적으로 자립하는 법을 배웠고 어느 누구의 조력도 없이 집과 일을 꾸려 나갔다. 타인으로부터 도움을 받는다는 생각만으로도 그녀는 불편했던 것이다. 레이첼에게는 동료애를 나눌 수 있는 친구들이 있었지만 그들에게 결코 진심을 보여 주거나 사생활을 털어놓는 법도 없었다. 남자와의 데이트에서도 거리를 유지한 것은 물론이다. 하지만 사람은 어떤 식으로든 외부의 지원을 필요로 하는 법이다. 레이첼에게 그 대상은 사람이 아니라 담배였다. 일이 힘들 때면 그녀는 제일 좋은 친구를 찾았다. 니코

틴이 그녀의 우울함과 불안한 감정을 달래 주었던 것이다.

레이첼이 나에게 왔을 때는 담배를 완전히 끊을 결심을 한 상태였다. 잦은 호흡기 질환 때문이었다. 하지만 그녀는 한두 달 끊었다 다시 원래대로 돌아가는 일을 반복하고 있었다. 그녀에게는 최신 금연법도 소용이 없었다. 몇 달 끊었던 것으로 보아 자기 의지는 분명한 상태였다. 하지만 인생에 있어서 어떤 도전에 성공할 수 있는지 예견할 수 있는 지표 가운데 하나는 곤경에 처했을 때 도움의 손길을 요청할 누군가가 있느냐 하는 것이다. 그녀가 정말 금연에 성공하고자 한다면 담배를 대신할 친구나 동료를 찾아야 했고 사람에 대한 신뢰를 다시 배워야만 했다.

건강이 위태롭다는 것은 우리 둘 다 알고 있었다. 어린 시절에 대해 철저히 상담하고 나서 담배 끊기를 시도할 여유는 없었다. 레이첼은 인내심도 바닥이 난 상태였고 집중치료를 시도한다는 것은 그녀에게 부담스럽고 두려운 일이었다.

스몰 스텝 전략의 일환으로 나는 그녀에게 하루에 한 번 음성사서함에 전화를 하게 했다. 그녀는 단지 전화해서 "안녕하세요. 저 레이첼이에요."라고 말하면 그뿐이었다. 레이첼은 이 사소한 행동도 자신을 긴장시킨다는 사실에 깜짝 놀랐다고 한다. 곧 그녀는 왜 이 행동을 해야 하는지 그 가치를 이해하게 되었다. 평생을 남에게 의지하지 않으려 했던 사람에게는 음성사서함에 전화를 거는 사소한 행동조차 남에게 의지하지 않겠다는 약속을 깨는 것이었기 때문이다. 레이첼이 이 단계에 대한 두려움을 덜 느끼게 되자 나는 레이첼이 담배를 피우기 전에 전화를 하게 만들었다. 레이첼을 부끄럽게 만들어 담배를 끊게 하려는 시도는 아니었다. 우리는 그녀가 원할 때는 담배를 피워도 된다는 데 동의을 한 상태였기 때문이다. 단, 담배를 피우기 전 인사만 하면 되었다. "안녕하세요. 저 레이첼이에요. 지금 담배 피웁니다." 레이첼은 인간관계의 신뢰를 갈망하지 않도록 스스로를 학습해 왔기에, 두려움이 일어나지 않는 선에서 그녀의 근본적인 의지를 개발시켜 주고 싶었던 것이다. 나는 이제 레이첼과 그녀의 베스트 프렌드 사이에 한 걸음을 집어넣은 것이었다. 이런 식으로 한 달을 보냈다.

그 후 나는 레이첼에게 자신의 감정을 일기에 털어놓도록 했다. **연구에 따르면 일기를 적는 사람들은 의사, 성직자, 친구에게 이야기하는 사람들과 마찬가지로 신체적인 면과 심리적인 면에서 안정을 되찾는다고 한다. 사람들이 일기를 쓴다는 것은 누구도 보지 않을 책에 헌신할 만큼 자신의 삶이 가치가 있다고 판단하는 것이다.** 나는 이점에서 일기 쓰기가 효과가 있다고 생각한다. 일기는 흔히 하루에 15분 이상 써야 효과가 있다고 하지만 레이첼에게 그렇게 할 필요는 없었다. 매일 2분 동안 일기 쓰기를 했고 전화걸기도 함께 병행했다. 그녀는 상황이 좋지 않을 때마다 일기와 나를 떠올렸다. 두 달이 지나갈 무렵 그녀는 자신이 어떤 수고로운 노력 없이 담배를 30%나 덜 피우고 있다는 것을 알고는 놀라워했다.

이때 나는 '작은 질문 던지기'라는 또 다른 스몰 스텝 전략을 결합시켰다. 레이첼이 자기와 하루 종일 같이 있어 줄 친구를 상상하고 그 친구가 자기에게 어떻게 해 줬으면 좋겠는지 자문하는 것이었다. 이를테면 레이첼의 자랑에 친구가 칭찬으로 화답하면서 들어 준다거나, 점심으로 뭘 먹을지 잡담하는 식으로 말이다. 이 질문하기는 점차 습관이 되어 갔다. 곧 레이첼은 자신이 곤경에 처했을 때 도움을 줄 수 있는 친구들에게 정말로 전화를 걸기 시작했고, 그들에게 조금씩 다가가면서 긍정적인 경험을 하기 시작했다. 이때를 기점으로 레이첼은 예전에 사용했던 금연법을 다시 시도했고, 한 달이 지나지 않아 담배를 끊게 되었다. 이번엔 잠깐 끊은 것에서 멈추지 않았다. 그녀는 현재 2년째 금연 중이다.

더 작을수록 더 좋다

다음은 내 고객들에게 추천하고 나 스스로에게도 지속적으로 적용하는 훈련 기술이다. 혼자 연습을 해도 좋지만 사람들 대부분은 믿을 만한 파트너와 함께했을 때 좀 더 효과가 좋았다. 먼저 작고 점진적인 방법을 통해 손쉽게 효과를 볼 수 있다고 여겨지는 것을 결정한다. 그런 다음 '작은 질문 던지기' 전략을 적용해 어떻게 첫발을 뗄지 결정하는 것이다. 건강을 선택했다면 파트너에게 아래 질문을 던져 달라고 하라.

"건강의 질을 높이기 위해 네가 할 수 있는 작고 사소한 방법은 뭐가 있을까?"

대개 '몸무게 줄이기'나 '자주 운동하기'와 같은 대답이 먼저 나올 것이다. 좋은 출발이지만 정확히 '작은 방법'은 아니다. 이는 스몰 스텝 전략이 아니라 혁신에 가깝다. 이런 목표를 달성하기 위해 사람들이 다이어트에 매달리고, 달리기와 같은 것을 실천하지만 대개 실패하지 않는가? 자, 진짜 작고 아주 사소해 보이는 방법을 찾아야 할 시간이다.

당신이 답을 찾을 수 있도록 파트너가 도와줄 순간이다. 당신이 생각하는 방법은 스스로는 충분히 작은 방법이라고 생각하겠지만 뇌가 맹렬히 저항할 수 있을 만큼 큰 방법이다. 여기엔 크고 대담한 행동이 요구된다. '작고 사소한 방법'은 너무 쉬워서 당신이 매일 해낼 수 있는 것이어야 한다. 파트너는 당신이 진짜 '작고 사소한 방법'을 떠올릴 때까지 다시 질문을 반복해야 한다.

"건강의 질을 높이기 위해 네가 할 수 있는 작고 사소한 방법은 뭐가 있을까?"

가능한 답변으로 "덜 먹기"가 있을 것 같다. 다시 시도하자. 이런 식의 모호한 답은 실제로 하기도 어렵고 그 상태를 계속 유지하는 것도 어렵다.

"건강의 질을 높이기 위해 네가 할 수 있는 작고 사소한 방법은 뭐가 있을까?"
"초콜릿(과자, 빵 등등) 먹지 않기?"

구체적인 답변이 나왔지만 이 역시 너무 '큰' 방법이다. 초콜릿 먹지 않기가 그렇게 쉽다면 다이어트 산업은 모두 사양길에 접어들었을 것이다. 다시 시도하자.

"건강의 질을 높이기 위해 네가 할 수 있는 작고 사소한 방법은 뭐가 있을까?"
"초콜릿 덜 먹기?"

많이 가까워졌지만 아직 멀었다. 이런 질문을 반복해서 들으면 뇌가 이리저리 궁리해서 마침내 창의적인 답을 내놓는다는 것을 기억하자.

"건강의 질을 높이기 위해 네가 할 수 있는 작고 사소한 방법은 뭐가 있을까?"

"초콜릿을 먹기는 하되 한 조각 떼어 놓고 먹기?"

바로 이거다. 이것이 음식섭취량을 줄이는 가장 좋은 방법이다. 눈은 초콜릿 전부를 먹고 싶어 하지만 뇌는 먹기 전에 미리 떼어 놓는 것을 배우기 시작한다(먹다가 마지막 한 입을 버리는 방법은 아주 어렵다). 이 방법은 충분히 작고 사소한 것이라 내일 해가 떠오르는 것만큼 분명히 해낼 수 있다.

스몰 스텝 전략을 이해하기 위해 사이가 벌어진 부모와 화해하겠다는 목표가 있다고 가정해 보자. 성대한 파티를 열어 초대한다면 양쪽 모두 불편할 것이다. 대신에 저녁 식사를 함께 하거나 전화로 먼저 얘기를 거는 방법은 어떨까? 다시 한 번 얘기하지만 **최고로 좋은 방법은 "내가 시도하기 어려운 것이 무엇이든간에 이 정도쯤은 할 수 있어."라는 답이 나오는 방법이다**. 그 첫걸음은 부모의 긍정적인 면에 대해 하루 1분 정도 생각하는 것이 될 수도 있다. 부모가 권위적이고 엄격한 경우라면 부모님의 불안거리나 두려움은 무엇일까 생각해 보는 것이 첫걸음이 될 수 있다.

이처럼 스몰 스텝의 시작은 아주 작아야 한다. 그래야 성공할 수 있다. 첫 단계를 즐겁게 해낼 수 있었다면 이제 다음 단계로 넘어가야 하는지 여부를 판단해야 한다. 첫 단계를 아무런 고생 없이 거의 자동적으로 해냈다면 준비가 된 것이다. 위에 언급한 절차를 사용해 두 번째 단계에서는 무엇을 할지 결정해야 한다. 무엇이 되었든 내가 분명히 해낼 수 있는 일이어야 된다. 이런 식으로 다음 단계와 그다음 단계를 설정하는 것이다. 이렇게 해야 거부감을 극복할 수 있고 또 속도도 붙을 수 있다. 실행하기가 두렵거나 자꾸 핑계거리가 생긴다면 다시 되돌아가서 해낼 수 있는 작고 쉬운 방법을 찾아야 한다.

5장

큰 문제를 미연에 방지하는 '작은 해결'의 힘

우리는 작은 골칫거리들과 함께 살아가는 데 익숙하다.

하지만 이런 것들을 찾아내는 것이 쉽지만은 않다.

저절로 고쳐지도록 내버려 두는 편이 좋을 때도 있다.

하지만 이런 작은 골칫거리들이 모여 큰 덩어리가 되면

변화를 가로막는 장애물이 될 수 있다.

작은 문제를 찾아 해결하는 법을 훈련함으로써

나중에 엄청난 대가를 지불하지 않을 수 있다.

우리는 그 일이
일어날 것이라는 사실을
모르기 때문이 아니라,
그런 일이 일어나지 않을 것이라는
막연한 믿음 때문에
위험에 처하게 된다.

_ 마크 트웨인

작은 사고가 모여 큰 사건이 된다

2차 세계대전 이후 재건 과정에서 도요타는 아주 과감한 실험을 했다. 재능 있는 관리자였던 다이치 오노가 조립생산라인의 근본적인 개념을 바꾼 것이다. 그가 오기 전엔 대부분의 자동차 회사들이 동일한 공정을 따르고 있었다. 개별 자동차 틀이 조립라인을 지나가면 노동자들이 달려들어 각자 맡은 일을 수행하는 하는 식이었다. 할당된 업무를 완수하면 그것으로 끝이었다. 공정상의 실수는 조립라인 끝에 있는 품질검사감독관이 바로잡았다.

그러나 오노는 생각이 달랐다. 에드워드 데밍 박사의 '작지만 지속적인 향상'에서 영향을 받은 그는 조립라인의 각 단계마다 끈을 설치해 누구라도 결함을 발견하면 끈을 당겨 생산라인 전체를 멈추게 한 것이다. 오노는 엔지니어, 부품 공급팀, 그리고 생산 직원들 모두 달려들어 문제점을 찾아 현장에서 바로 해결책을 만들게 했다.

다른 제조사들이 볼 때 이 아이디어는 대량생산의 기본 원칙을 어기는 멍청한 아이디어였다. 작은 문제점을 찾고 개선하기 위해 어떻게 빠르게 진행되어야 할 조립공정 방식을 중단할 수 있느냐는 것이다.

하지만 이런 상식과는 반대로 오노의 생각은 자동차 생산 공정에서 가장 성공적인 아이디어로 증명이 되었다. 현장에서 나타난 작은 문제를 개선하면 나중에 훨씬 더 큰 문제가 일어나는 것을 막을 수 있었기 때문이다. 불행하게도 모든 기업들이 도요타의 경험을 배우지는 못했다. 드러난 사소한 문제를 대충 얼버무리고 넘어가고 싶은 유혹은 여전히 강했기 때문이다.

예컨대 영국 최대 기업이자 세계 2위의 석유회사였던 브리티시 페트롤리엄BP은 2001년과 2007년 일어난 작은 '기름 유출'

사건을 무시했다. 담당자들이 두 번이나 경고를 보냈지만 회사의 경영자들은 오히려 그들을 해고해 버렸다. 2010년이 될 때까지도 BP의 경영진들은 이 작은 '경고'가 나중에 어떤 결과를 초래할지 인식하지 못한 상태였다. 그해 딥워터 호라이즌 원유시추 시설에서 일어난 폭발로 2억 갤런의 원유가 맥시코 만으로 유출되었다.

경영진의 판단착오는 딥워터 호라이즌 시추시설에서 빈발하고 있었던 작은 화재와 사고를 무시했다는 것에도 그 원인이 있지만, 직접적인 원인은 담당자들이 보낸 두 번의 경고를 경시했다는 것이다. '작은 기름 유출' 사고는 심해 유정과 시추선을 연결하는 파이프에서 일어난 것이었다. 그리고 멕시코 만을 뒤덮은 그날의 사고 원인도 파이프에서 생겼다. 이번엔 기름이 아니라 고압의 메탄가스가 뿜어져 나오면서 심해에서 폭발이 일어났고 5,500m 떨어져 있던 해상시추선에도 불이 붙었던 것이다. 사상 최악의 기름 유출 사고였다.

여행 보험사의 관리자였던 허버트 W. 하인리히의 이름을 딴 하인리히 법칙Heinrich's Law이라는 것이 있다. 이는 대형사고가 발생하기 전에 그와 관련하여 수많은 징후가 되는 자잘한 사고들이 존재한다는 법칙이다. 하인리히는 7만 5,000건의 산업재해를 분석해 보았는데, **하나의 대형사고가 발생하기 전에 같은 원인으로 29번의 작은 재해가 발생했고, 또 그 작은 재해가 발생하기 전에 운 좋게 재해는 피했지만 재해로 연결될 뻔한 사건이 300번 정도가 있었다**는 사실을 발견했다. 그래서 하인리히 법칙은 '1:29:300 법칙'으로도 불린다.

하인리히 법칙이 말해 주는 것은 무엇인가? 그것이 **어떤 일이든 중간중간에 작고 사소한 일들을 점검하고 개선하지 않는다면 결국 큰 사건이나 사고로 연결될 수밖에 없다**는 것이다. 300번의 징후를 무시하지 않는다면 29번의 작은 재해가 발생하지 않을 것이고, 29번의 작은 재해를 무시하지 않는다면 대형 사고는 결코 일어나지 않을 것이다. 하지만 사람들은 대부분 작고 가볍고 사소한 것일수록 무시하는 경향이 있다. 그래서 사건과 사고의 규모는 점점 커지고 나중엔 돌이킬 수 없는 것이 되고 만다. 드러나는 작은 문제점을 무시하면 이 문제들은 계속 자라고 자라 나중에 큰 골칫거리가 될 수 있다. 그 상태가 되면 소요비용이 엄청난, 길고 고통스런 해결과정에 돌입해야 한다. 하지만 지금 드러나는 작은 실수를 해결하는 것에 집중하면 나중에 들여야 할 시간과 비용을 크게 절약할 수 있다.

"지나고 나서야 깨닫는다."는 말이 있다. 비가 와 벽이 흠뻑 젖은 후에야 천장에 난 구멍을 쉽게 찾는 것처럼 말이다. 그러나 작은 조짐이라도 쉽게 찾을 수 있도록 감각을 훈련할 수 있다. 감각을 날카롭게 다듬기 위해 다음을 연습하자.

❶ 살면서 큰 실수를 저지른 때를 회상해 보자. 계획했던 일이 바라는 대로 돌아가지 않았을 때 어떤 신호가 있었는가? 그 문제를 해결하기 위해 어떤 조치를 취했는가? 하던 일을 멈추고 다시 시작했는가? 어쨌든 바라는 결과가 나올 것이라고 생각하고 그 문제를 무시했는가?

❷ 오늘 당신이 한 작은 실수는 무엇인인 생각해 보라. 화를 내지 않고 이 훈련을 매일 반복하면 작은 실수를 알아차리는 능력이 커진다.

❸ 이제 2번에서 알아낸 작은 실수가 다른 더 큰 문제를 반영하는 것은 아닌지 생각해 보라. 아니면 더 큰 문제로 자라날 잠재력을 갖고 있는 것은 아닌지 생각해 보라. 예를 들어 자동차 키를 잃어버렸다면 이렇게 자문하는 것이다.

'내가 너무 많은 일을 한꺼번에 처리하려 했던 것인가?' '오늘 아침 아내(남편)와 다툰 일에 신경이 쓰여 내가 키를 잃어버린 것인가?' 실수에 주의를 기울이면 실수를 저지르는 횟수를 줄일 수 있다. 또 어떤 실수가 더 큰 문제를 반영한다고 느껴진다면 이렇게 질문하라. "이 상황을 해결하기 위한 스몰 스텝 전략으로는 무엇이 있을까?"

❹ 가족이나, 친구, 직장 동료, 아니면 고객들에게 짜증이 나는 상황이 있는지 생각해 보라. 그것을 아는 것만으로도 같은 실수를 반복할 가능성을 줄일 수 있다. 하지만 다시 이 실수가 더 큰 문제점의 일부는 아닌지 생각해 봐야 한다. 그 문제가 더 큰 문제로 가는 연결고리라고 생각된다면 이것을 해결하기 위해 스스로를 동기부여하게 될 것이다.

큰 사건을 미연에 방지하는 방법

미시간 대학 경영학과 교수인 칼 바이크 박사는 실수와 관련하여 흥미로운 연구를 한 적이 있다. 그의 연구 대상은 응급실, 항공모함, 항공 관제센터, 원자로 통제실, 소방서에서 근무하는 사람들이었다. 그는 이들 조직을 '신뢰도가 매우 높은 조직high-reliability organizations, HROs'라고 불렀다. 이유는 그들의 업무가 실수가 용납되지 않을 만큼 정밀한 것이고 특히나 생명과 관련되어 있기 때문이다. 바이크 박사는 이 조직들의 공통적인 특징을 "민을 수 없을 만큼 미약한 경고 신호를 찾아내 강력하고 과감한 조치를 취하는 데 있다"라고 했다.

예를 들어 미해군 항공모함에서 이착륙을 하는 조종사들은 강철 같은 대담성과 흔들리지 않는 판단력을 갖춘 것으로 유명하다. 물론 안전한 이착륙을 도와주는 고도의 정밀성을 갖춘 기계는 있다. 그러나 바다 한가운데 떠 있는 배 위에서는 아주 사소한 실수도 큰 재앙을 일으킨다. 장교와 선원들은 모든 시스템이 완벽하게 작동하지는 않는다고 가정하게끔 훈련되어 있다. 이들은 모르고 지나친 아주 작은 결함이라도 찾으려고 한다.

그들은 추가 연료 보급을 받기 위해 배 위를 선회하는 조종사들의 목소리에서 느껴지는 미묘한 긴장감도 찾아낸다. 또 하루에도 몇 번씩 배 위를 돌며 '이상한 물체'는 없는지 찾는다. 그 물체는 제트 엔진으로 빨려 들어가 사고를 일으킬 수도 있다. 이들은 무엇이든지 잘못될 가능성이 있고 또 잘못된다는 가정하에 작업을 한다. 이들은 또 착륙할 때마다 정밀하게 그 결과를 조사한다. 항공모함의 갑판에는 비행기가 착륙할 때 꼬리날개의 착함着艦 고리에 연결되는 제동줄 4개가 있다. 조종사는 1번이나 2번줄에 걸리지 않으려 한다. 여기에 연결되면 너무 빨리 착륙했다는 뜻이다. 4번줄에도 걸리지 않으려 한다. 갑판을 지나 바다로 떨어질 수 있기 때문이다. 가장 이상적인 것은 3번줄이다. 착륙 시 비행기가 3번줄 외 다른 줄에 걸리게 되면 선원들은 원인을 찾아 고쳐 놓는다.

우리도 이와 같이 작은 정보에 세심한 주의를 기울여 '신뢰성 높은' 전략을 적용할 수 있다. 몇 년 전 일주일 동안 창의성에 관련된 강의를 듣다 에이미와 프랭크라는 부부를 만난 적이 있다. 강연을 듣는 3일 동안 이 부부에 대해 잘 알게 되었는데, 한번은 에이미가 찾아와 남편의 난폭운전 습관을 고치고 싶다며 상담을 받았으면 했다. 프랭크도 자신의 운전 습관을 인정했지만 다른 운전자에게 자주 고함을 지르는 것일 뿐 상담받을 만큼 큰 문제는 아니라고 했다(교통체증으로 유명한 LA에 살다 보니 그저 고함을 지를 기회가 많다는 것뿐이었다).

나는 프랭크에게 사소하게 보이는 문제에 주의를 기울여야 한다고 했다. **연구에 의하면 동일한 생활습관을 가졌을지라도 힘든 일이 닥쳤을 때 격하게 반응하는 사람은 차분하게 반응하는 사람들보다 심장병으로 조기에 사망할 확률이 7배나 높다고 한다.** 나는 프랭크에게 그 연구 결과에 대해 이야기해 주었다. 그리고 프랭크에게 최신 사양을 갖춘 안락한 차에서 꿈에 그리던 여인(프랭크의 아내)을 옆에 앉히고도 운전을 즐기지 못한다면 살면서 마주치게 될 더 큰 도전은 어떻게 헤쳐 나갈 것이냐고 지적했다. 또 자동차라는 공간을 감정 통제하는 법을 배우는 교실로 생각해 보는 것은 어떻겠느냐고 했다.

내가 이야기해 준 것 가운데 심장병 발병 통계가 프랭크에게 자극이 되었다. 프랭크가 이 사실을 인식하는 것만으로도 운전하면서 격한 반응을 보이는 횟수는 줄어들고 있었다. 또 UCLA에서 나온 심장병 발병을 줄이는 행동 습관 프로그램도 그에게 도움을 줬다. 그 방법 중 하나는 차에 탈 때마다 다른 운전자에게 호의를 베푸는 것이다. 그 이후 프랭크는 운전 중 갑자기 끼어드는 운전자에게 화를 내는 대신에 자기 차선에 있는 다른 차들에게 어떻게 호의를 베풀지 관심을 기울였다(심장병 발병을 줄이는 다른 방법으로는 뉴스를 듣는 대신 부드러운 음악을 듣는 것이 있다. 그렇게 하면 긴장이 풀리고 스트레스가 해소된다). 오래지 않아 프랭크는 자신의 인내심과 유머 감각이 사상 최고치를 기록하고 있다고 말했다. 변화의 결과는 운전할 때만 나타나는 것으로 그치지 않았다. 그는 자신의 '작은 문제'를 일찍 지적해 준 아내에게 고맙다는 말도 했다.

에이미는 마치 매의 눈을 가진 것처럼 작은 문제를 찾아냈고 그것이 가리키는 징후를 직관적으로 인식할 수 있었다. 하지만 우리 대부분은 매일같이 삶과 죽음의 상황에 직면한 HROs와 같은 압박 속에서 살지 않는다. 그 결과 작은 문제를 찾아내기도 어려울뿐더러 대파국에 직면하기도 한다.

잘게 나눌수록
품도 덜 들어간다

로렐이 나를 찾아 온 것은 결혼생활에 심각한 위기가 왔을 때였다. 그녀의 남편은 공감대가 부족한 사람이었다. 친구가 전화로 심각한 문제를 상담해 와도 관심을 보이는 법이 없었다. 로렐이 친정 식구에게 신경을 쓰면 불같이 화를 냈다. 로렐이 보기엔 평범한 사교활동이고 봉사활동에 불과한 것들이 남편에게는 부부싸움의 불씨가 되고는 했다. 사실 로렐은 첫 데이트 때부터 남편이 공감대가 부족한 사람이라는 것을 알았다. 하지만 그녀는 이 성격상의 결함이 나아질 것이라 생각했고 그래서 결혼을 했던 것이다.

내가 로렐의 예를 통해 미래의 친구나 배우자에게 엄격한 기준을 적용하라고 제안하는 것은 아니다(그레이스를 떠올려 보라. 그녀는 '춤을 못 춘다', '직업에 전망이 없다'는 등의 이유로 데이트하는 남자들을 거절했다). 하지만 드러난 성격상의 결함을 모른 척하는 것은 현명한 일이 아니다. 세심하게 주의를 기울였다면 로렐과 그녀의 남편은 서로의 차이점을 일찍 받아들였을 것이고 적어도 결혼생활을 지옥으로 몰고 가지는 않았을 것이다. 이런 이유로 커플들이 연인관계에서 일어나는 작은 문제를 상담하러 올 때 나는 기쁘다. 괜히 작은 문제로 귀찮게 하는 것은 아닌가 사과부터 해올 때 나는 이렇게 말한다.

"아닙니다. 이건 긍정적인 신호입니다. 작은 문제를 찾아낼 정도로 명석하다는 것이고 또 그것을 이해할 만큼 관계를 소중히 여긴다는 뜻이니까요."

이 말은 인간관계 이외의 다른 일에도 적용이 된다. 체육관에서 운동을 시작했는데 무릎에 통증이 느껴진다면? 이 신호를 무시할 수 있겠는가? 이 경우 운동의 속도를 늦추거나 운동량을 조절해야 할 것이다. 또 통증이 지속된다면 의사를 찾아가야 한다. 그렇게 해야 심각한 부상을 예방할 수 있다. 실내장식가가 되고 싶은데 수업에 매일 늦는다면, 정말 이 일을 원하는 것인지 자문해야 할 것이다.

로렐의 이야기는 해피엔딩으로 끝이 났다. 그녀는 남편에게 문제가 있다는 것을 알면서도 결혼을 했고, 당면한 상황에 대해 자신도 얼마간의 책임이 있다고 생각했다. 이런 생각은 친절하고, 인내심을 갖고, 호기심 어린 눈으로 남편을 대하는 행동으로도 이어졌다. 남편 또한 달라진 그녀의 태도에 고마움을 느껴 상담에 동참하기로 한 것이다. 우리 셋은 함께 그 문제를 해결해 나갔다.

상담을 의뢰했던 고객 중 최고경영자를 새로 물색하던 병원 체인점이 있었다. 이 사례는 목표가 분명할 때 오히려 위험을 감지하는 것이 어렵다는 것을 보여 준다. 병원 경영에 위기가 닥치자 이사회는 관리능력이 뛰어난 경영자를 채용하기로 했다. 자격 조건이 충분하고 자신감이 가득한 사람을 찾았을 때 이사회는 결승점을 코앞에 두었다는 희열감에 나에게 자격 평가 의뢰조차 하지 않았다. 후보자에게 최고경영자 자리를 제안할지를 두고 이사회가 논쟁에 들어갔을 때 나는 가만히 있다가 딱 한 가지 질문을 던졌다.

"그 후보가 당신들 각자에게 무슨 질문을 던졌지요?"

이사회 대부분은 후보자에게서 질문을 받은 기억이 없었다. 후보는 이미 회사에 대해 잘 아는 듯했고, 자기홍보에만 열중하는 듯 보였다. 나는 이것은 위험한 신호라고 했다. 새로운 최고경영자는 어떤 일을 결정하기 전 많은 사람들로부터 의견을 들을 필요가 있었다. 하지만 이 후보자는 이해하기에 앞서 먼저 행동하는 기질이 있었고 사람들에게 복종을 요구하는 성향을 가진 듯했다. 이사회는 내 이야기를 경청하기는 했지만 서둘러 후보자에게 일을 제안해 버렸고 그도 수락했다.

6개월 만에 그 후보는 병원에 말로 다 할 수 없는 손해를 입혔다. 그는 자신의 지시를 따르지 않는 재능 있는 직원들을 소외시켰다. 또 직원들에 대한 이해가 부족하다는 것을 드러내는 지시를 많이 내렸다. 직원들에게 어떻게 시간을 보내는지 매주 보고서를 제출하라고 했는데 그 보고서 작성은 직원들에게 시간만 낭비되는 잡무였을 뿐이다. 더 심각한 것은 여러 반대에도 불구하고 일방적으로 간호조무사의 수를 줄인 것이다. 몇 주 후 환자가 죽는 의료사고가 발생했는데 간호조무사의 수가 충분했다면 막을 수 있는 사고였다. 그 때문에 발생한 소송 및 합의 비용은 해고된 간호조무사들의 월급을 수십 번 지급하고도 남을 돈이었다. 이 최고경영자의 문제점은 인터뷰 중에서 드러난 작은 문제에 주의를 기울였다면 예견할 수 있었던 것이다. 아래의 경고 신호는 일상생활에서 자주 나타는 것이다. 어떤 것도 무시하지 말아야 한다.

데이트할 때

웨이터에게 무례하다거나, 술을 너무 자주 마신다거나 하는 것은 불길한 징조가 된다. 관계가 끝날 무렵의 누군가를 볼 때마다 나는 이렇게 묻는다. "처음부터 약간 문제가 있다는 걸 몰랐습니까? 예를 들어 욱하는 성격, 무관심, 중독 성향 같은 것들 말입니다." 거의 대부분은 처음부터 알았다고 인정한다. 대개 세 번째나 네 번째 데이트 때 살짝 드러난다는 것이다. 물론 결점이 있다고 데이트 상대로 적합하지 않다고 말하는 것은 아니다. 단점 없는 사람이 어디 있겠는가? 하지만 이런 질문은 반드시 필요하다.

"이 사람이 이 문제를 인식하고 있는가?", "이 사람이 이 문제에 대해 책임감을 갖고 교정할 수 있는가?", "이 작은 결점이 서로 대화를 나눠야 할 만큼 큰 골칫거리가 되지는 않을까?"

직원을 구할 때

기준에 미치지 못하는데 우선 급하니까 채용하고 보자고 생각했다면 속도를 늦추고 다시 생각해야 한다. 지원자가 넘쳐나지 않는 상황이고 후보자가 다른 부분에서 어떤 자격을 갖고 있다면 서너 번 더 인터뷰를 진행하면서 그의 능력을 평가해야 된다. 부족한 점을 지적했을 때 상대가 어떻게 반응하는지도 보아야 한다. **〈하버드 비즈니스 리뷰〉의 보고에 의하면 부자격자로 자리를 채우느니 비워두는 것이 효율적이라고 했다.**

스스로를 비난하고 싶어질 때

마음속에서 "그냥 포기해! 너는 절대 똑똑해지지도, 부자가 될 수도, 날씬해질 수도 없어."라는 목소리가 들려 올 때가 있다. 앞서 얘기한 것처럼 자신을 이렇게 가혹하게 다루는 것이 향상의 길로 가는 첩경이라는 생각은 미신에 불과하다. 이런 태도는 오히려 발전을 중단시킨다. 만약 이런 목소리가 감지된다면 그 목소리를 진정시켜야 한다. 스몰 스텝 전략을 활용해 변화에 따라 오기 마련인 스트레스를 관리하도록 하자.

운동할 때

운동하고 나서 근육통이나 피로감을 느끼는 것은 지극히 정상이다. 신체가 근육조직을 다시 재구성하기 때문에 이런 일이 일어난다. 하지만 관절에 통증이 오거나 숨이 지나치게 가빠 온다면 운동을 멈추고 휴식을 취하는 편이 낫다. 통증을 무시하고 밀어붙이면 심각한 부상을 입을 우려가 있다. 관절이나 가슴에 통증이 지속되면 의사를 찾아야 한다.

도전을 충분히 작게 만든다면 힘겨움이나 저항감을 느낄 수가 없다. 그런데 변화의 속도 때문에 울화가 치밀어 오른다면 지금 할 수 있는 것보다 더 큰 것을 요구했기 때문이다. 기억하자. 작은 방법을 사용했는데도 그에 대해서 스트레스를 받는다면 그 방법이 지금의 뇌가 감당하기엔 너무 크다는 것을 뜻한다.

처음부터 큰 문제는 없다

때때로 작은 문제점은 찾아내기가 쉽지 않다. 우리에게 심각한 충격을 안겨 주는 것은 충격이 주는 강도만큼 복잡하고 큰 문젯거리 때문에 생기는 것이라 가정하기 때문이다. 결혼, 직장, 중독, 건강상의 문제에서 일어나는 재앙도 그렇게 생각한다.

많은 미국인들은 설사로 죽는 아이들이 전 세계적으로 매년 100만 명에 달한다는 사실을 모른다. 이 수치는 점보제트기가 아이들을 가득 싣고서 4시간마다 충돌사고를 일으키는 것과 같다. 세계 건강관리 전문가들과 정부 기관은 이 문제를 해결하기 위해 큰 비용이 들어가는 해결책을 시도한 적이 있다. 문제가 심각한 지역에 개선된 배관시설을 설치하거나 의료시설에 아이들을 위한 경구 수분 보충요법을 도입해 아동 사망률을 줄여 보려고 한 것이다. 이 시도는 그 자체로 유용했나. 하지만 간과한 것이 있었다. 설사를 일으키는 가장 사소한 원인은 바로 '지저분한 손'이었다는 것이다.

설사가 치명적인 사망요인이 되는 나라에서는 사람들이 비누가 있어도 비누로 손을 씻지 않는다. 불과 15~20%의 사람들만이 음식이나 아이를 만지기 전 비누를 사용하고 있었다. 손만 깨끗이 관리해도 사망률을 40% 이상 줄일 수 있었다. 사람들에게 손 씻는 법을 가르치는 것이 대륙 전체에 새로운 배관시설을 설치하고 치료법을 제공하는 것보다 훨씬 쉽고 간단한 예방법이었던 것이다.

뉴욕시가 범죄에 접근한 방식은 이보다 행복한 결말을 보여준다. 1980년대 뉴욕은 한 해 평균 2,000건의 살인과 60만 건의 중범죄가 일어났다. 지하철에 혼자 탑승한 시민이나 노동자들이 중범죄로 희생되는 경우는 매년 1만 5,000명이나 되었다. 정치

인들과 경찰들은 범죄율을 줄이기 위해 경관 수를 늘리고 예산을 증액하는 등 여러 가지 과감한 대책을 강구했다. 그들은 범죄율이 상승하는 만큼 대책 비용도 상승해야 범죄율을 잡을 수 있다고 생각한 것이다. 하지만 엄청난 비용과 노력에도 불구하고 범죄율은 상승할 뿐이었다.

뉴욕 지하철의 범죄율을 줄이기 위해 1990년 윌리엄 브래튼이라는 사람이 등용된다. 그는 1982년 제임스 O. 윌슨과 조지 L. 켈링이라는 범죄학자가 처음 제창한 '깨진 유리창 법칙'에 영향을 받았다. 그 이론을 간략하게 설명하면 이렇다. 아이들이 빈 건물에 돌을 던져 창문 하나를 깼다고 하자. 만약 이때 깨진 유리를 갈아 끼우지 않는다면 다른 창문의 유리도 파손될 가능성이 커진다. 왜냐하면 이미 하나의 유리가 깨져 있기 때문에 사람들은 다른 유리를 파손해도 크게 문제될 것이 없다고 생각하기 때문이다. 그러나 만약 첫 번째로 깨진 유리창을 바로 수선해 놓으면 나머지 유리창들 또한 그대로 보존될 확률이 높다. 유리창 전체가 파손되지 않은 상태이기 때문에 사람들은 유리창을 파손해서는 안 된다고 생각하기 때문이다.

'깨진 유리창 법칙'을 범죄에 적용해 보면, 법이 사소한 범죄를 묵인할 경우 이보다 더 심각한 범죄로 연결된다는 것이다. 윌슨과 켈링은 이것이 범죄에 대해 중요한 진실을 가리킨다고 생각했다. 사소한 범죄를 처벌하지 않고 묵인하는 지역에서는 사람들이 법을 어기는 경향이 늘어난다는 것이다. 술에 취해 소란을 피우는 사람을 제지하는 사람이 없다는 것은 강도 사건에 끼어들거나 경찰에게 전화할 시민이 없다는 말이나 다름없다.

브래튼이 1990년 뉴욕에 도착했을 때 그는 스몰 스텝 전략과 유사한 철학을 갖고 있었다. 그는 지하철 범죄율을 낮추기 위해 급진적이고 혁신적인 해결책을 도입하라는 엄청난 압박을 견뎌야 했다. 브래튼은 대신 작은 문제들을 구분해 냈다. 그는 승객을 괴롭히기는 하지만 신체적으로 해를 가하지 않는 작은 범죄에 초점을 맞췄다. 그가 살인 사건 대신 노상방뇨, 부랑인, 개찰구 뛰어넘기와 같은 것에 초점을 맞추겠다고 했을 때 뉴욕시민들이 보일 반응을 생각한다면 엄청난 용기가 필요한 일이었지만 그는 그 계획을 밀어붙였다.

그는 경관들에게 개찰구를 무단으로 뛰어넘는 사람들을 잡아 수갑을 채운 후 15명에서 20명씩 묶어 지하철 승객들이 볼 수 있도록 세워 두라고 지시했다. 이 지시는 경범죄와 중범죄 모두에 대해 극적인 효과를 보이기 시작했다. 개찰구를 뛰어넘던 사람들의 이력을 조사하자 이들 대부분이 폭력범죄로 수배 중이었던 사람들이었다. 또 누가 강도질을 하고 싶어도 경찰의 엄중 단속 때문에 자제를 하고 있는 것도 분명해 보였다.

브래튼의 지역 반장 중의 한 사람이었던 마일즈 앤스보로는 또 다른 작은 문제를 해결했다. 그는 지하철 승객이 경찰이 있음을 알고 안전하다고 여기길 바랐다. 하지만 유니폼을 입은 경관이 지나가도 쳐다보는 사람이 없었다. 그래서 그는 작은 질문을 던졌다.

"지하철에서 사람들의 이목을 끄는 방법은 없을까?"

답은 확성기였다. 지하철이 역에 도착할 때마다 앤스보로 휘하의 경관은 안내장을 차장에게 건네 주어 읽게 했다. 지하철 안내 시스템을 통해 "안내 말씀 드립니다. 지금 교통경찰관이 순찰을 돌고 있습니다. 차량 순찰이 끝날 때까지 열차 출발이 지연될 수 있으니 이점 양해해 주시기 바랍니다. 감사합니다."

경찰은 술 취한 사람이나 난동을 부리는 사람을 내리게 했으며, 나쁜 짓을 하는 아이들을 제지했다. 이렇게 작은 문제, 작은 질문, 작은 행동들이 모여 뉴욕 지하철 범죄 발생률은 불과 27개월 만에 50%나 떨어졌다. 도시 전체가 놀랄 말한 일이었다. 브래튼은 뉴욕시 경찰청장으로 승진했으며 그 자리에서도 탁월한 업적을 남겼다.

나는 브래튼이 스몰 스텝 전략만을 사용한 것은 아니라는 사실에 주목하고 싶다. 그는 실제로 급진적이고 혁신적인 정책도 함께 실시했다. 관할 구역 경찰서장 가운데 75%를 해고시켰으며, 하이테크 범죄를 대상으로 정교한 컴퓨터 작전을 실시하기도 했다. **스몰 스텝 전략과 혁신적인 전략은 상호 배타적인 것이 아니다. 이를 함께 적용하면 심각하고 복잡하고 도저히 해결책이 없을 것 같은 문제에 맞설 수 있는 가공할 무기가 된다.**

사람들이 고통스런 문제에 직면해 있으면서도 해결의 기미를 찾지 못하고 있을 때 나는 먼저 스몰 스텝 전략에 초점을 맞추도록 그들에게 조언을 한다. 스몰 스텝 전략을 이해하고 나면 사람들은 언제 혁신을 적용시켜야 하는지 혹은 이 둘을 병행해야 하는지 직관적으로 알게 된다.

개인적인 위기와 마주했을 때, 작은 문제부터 풀어가는 스몰 스텝 전략은 마음을 진정시켜 줄뿐더러 실제적인 도움까지 제공한다. 소송에 휘말리거나 병에 걸리고 사업상의 위기에 봉착할 때나, 혹은 이별의 아픔을 겪고 있을 때 과단성 있는 혁신으로 이런 상황을 한번에 바로잡을 수는 없다.

삶이 힘겨워져 어떻게 제어할 수도 없는 상황에 맞닥뜨리거나 감정적인 고통을 겪고 있을 때는 큰 재앙 안에 자리 잡고 있는 작은 문제들을 찾으려고 해야 한다. 작은 문제를 깨닫지 못하면 우리는 더 큰 절망에 빠질 수가 있다. 스몰 스텝 전략의 하나 또는 전부를 이용해 해결책을 향해 천천히 나아가는 것만이 우리가 할 수 있는 최선의 길이다.

아주 단순한 것부터 해결하라

조기 퇴직을 계획하고 있던 55세 여성 베키를 만났을 때 나는 절망과 마주하는 느낌었다. 그녀는 예술가가 되고자 하는 오랜 꿈이 있었다. 그녀는 나에게 그림과 조각을 보여 주기도 했는데 정말 재능이 있어 보였다. 그러나 베키는 당시 정기검진을 받았는데 목 부위에서 종양이 발견됐다. 진단 결과는 암울하게도 암이었다. 그녀는 두려움과 분노에 빠졌다. 그녀는 친구들은 물론이고 가족과도 연락을 끊었고, 의사의 처방과 병의 압박에 시달리며 암울하게 살아가고 있었다.

종양학자가 치료법에 대해 설명했지만 그것조차 그녀에게는 또 다른 짐이 되는 것 같았다. 마지못해 나를 만났을 당시 그녀는 "더 이상 의사와 아무런 약속도 잡고 싶지도 않아요."라고 말할 정도였다. 어쨌든 하루 몇 분 정도라면 만날 수 있다는 것이 의사 표현의 전부였다.

그녀에게 지금 목표가 무엇이냐고 물었을 때 암을 제거하는 것이 최우선 목표라고 대답했지만 우리 둘 다 병의 과정을 제어할 능력이 없다는 걸 알고 있었다. 내가 두 가지 목표를 더 생각해 보라고 하자 그녀는 다음과 같이 대답했다.

> "남은 인생 하루하루 최선을 다하고 싶어요. 또 잡다한 일들도 정리하고 싶고요."

'잡다한 일'이란 보건기관에 제출할 서류와 직장일, 집안일 등을 뜻했다. 암에 비해 사소한 것들이었지만 지금 그녀에겐 그 일들조차도 큰 도전이나 다름없었다. 베키에게는 잡다한 일을 도와줄 사람이 필요했다. 하지만 그녀는 남을 돕는 데는 뛰어났지만 정작 도움을 받는 것은 두려워했다. 도움이 필요하고 도움을 요청해야 할수록 더 힘들어하는 듯했다. 나는 그녀의 삶에 친구들을 되돌려 주기 위해 스몰 스텝 전략을 쓰기로 했다. 매일 아침 그녀에게 잡다한 일의 목록을 적게 했다. 그리고 도움을 받았으면 하는 일에 별표를 치고, 어떤 도움이 필요한지 구체적으로 적게 했다.

매일 기록한 잡다한 일의 목록은 그녀가 정말 필요로 하는 도움이 어떤 것인지 생각하게 만들었다. 그다음 상담에서도 나는 그녀에게 실제로 친구들에게 도움을 요청하라고 권유하지는 않았다. 대신 도움 목록이 갈수록 창의적이라고 칭찬했다. 그녀가 그 목록을 처음 만들었을 때는 그 내용이 다음과 같이 아주 단순했다.

"친구가 이렇게 말해 줬으면 좋겠어요. '너 정말 용감하구나!'"
"친구가 빨래를 해 줬으면 좋겠어요."

그러나 1주일이 지나자 목록은 자세해졌고 감정도 표현되기 시작했다.

"보건기구에 전화하고 서류를 작성할 때 옆에 있어 줄 친구가 있었으면 좋겠다."

"환우회가 어떤 곳인지 알아봐 줄 친구가 있었으면 좋겠다."

"내가 울 때 안아 줄 친구가 있었으면 좋겠다."

베키는 서서히 부모와 친구들에게 다시 연락하기 시작했고 희망 목록의 씨앗도 열매가 되어 갔다. 암치료가 베키의 체력을 갉아먹기 시작했지만 그녀는 일상생활을 좀 더 차분하게 해 나갈 수 있게 되었다. 이 글을 쓰기 몇 달 전에 베키를 만났는데 치료는 오래전에 끝이 났고 수년 전부터 회복기를 보내고 있다고 했다. 잠시 건강에 대해 얘기를 나누고 있었는데 그녀가 갑자기 이렇게 속삭였다.

"스몰 스텝을 선물로 주셔서 정말 고마워요."

6장

의욕을 고취시키는 '작은 보상'의 힘

자신을 단련할 때도,

타인에게 좋은 습관을 서서히 형성시킬 때도

작은 보상은 더할 나위 없이 좋은 격려가 된다.

비용이 들지 않고 간편할뿐더러

변화를 지속하기 위해서 필요한 내적 동기를 강화할 수 있다.

아무리 작아도

친절한 행동은 낭비되는 법이 없다.

_ 이솝

말 한마디가 천 냥 빚을 갚는다

작은 보상은 어떤 일을 할 때, 특히 하기 싫은 일을 해야 할 때 격려로서 충분할 뿐만 아니라 최선의 방법이기도 하다. 이는 개인적 삶에서 일어나는 일이든 직장에서 벌어지는 일이든 마찬가지다.

기업에 설치된 의견수렴함을 살펴보자. 이 제도는 앞장에서 얘기한 도요타의 오노가 조립생산라인에 설치했던 끈과 비슷하다. 직원들이 눈에 보이는 문제점을 찾아 보고하도록 독려한다는 점에서 그렇다. 일본에서 이 제도는 노동자들의 3/4이 참여할 만큼 상당히 활성화되어 있다. 그러나 미국에서는 참여율이 우울할 정도로 낮아 최상의 조건에서도 평균 25%를 넘지 못한다. 또 일본에서는 노동자들의 아이디어 90%가 채택되지만 미국은 단 38%에 불과하다. 이런 차이는 왜 일어나는 걸까?

미국과 일본의 가장 큰 차이는 주어지는 보상의 크기다. 미국에서는 보통 아이디어를 통해 기업이 얻게 되는 이익보다 큰 금액이 현금으로 주어진다. 이 방식은 의도가 좋고 일견 상식적인 접근이기도 하지만 대부분은 실패한다. 그 방법을 사용할 경우 사람들은 그 경제적 보상에 어울릴 만큼 크고 대단한 아이디어에만 집착하기 때문이다. 이런 아이디어를 낼 수 있는 사람도 극소수이지만 현장에 적용할 수 있는 것도 드물다. 이런 시스템 아래에서는 그보다 훨씬 실용적이고 유용한 작은 아이디어들은 방치되기 마련이다.

하지만 일본에서는 평균 보상액이 3.88달러로 미국의 평균 458달러에 견주면 아주 적은 금액이다. 도요타는 매년 공식 행사에서 그해 최고의 아이디어에 대해 회장상을 수여한다. 여기에 따라오는 부상은 고가의 시계도, 새 차도, 고액의 상품권도 아니다. 고작 만년필일 뿐이다. 하지만 효과는 상상 이상이다. 도요타 회장 에이지 도요타는 "매년 150만 개의 아이디어가 쏟아지고 그중 95%가 실제 현장에 적용됩니다."라고 자랑했다.

보상이 매우 강력한 심리적 도구가 될 수 있다는 것은 새로운 생각이 아니다. 20세기 중반 행동심리학자 스키너가 보상 시스템을 통해 행동을 교정한다는 '긍정 강화positive reinforcement' 이론을 만든 이후 이 용어는 학계에서도 일반적으로 사용하는 용어가 되었다. 일본의 경영진들이 인색하기 때문에 작은 보상을 하는 것이 아니다. 작은 보상은 인간의 본성을 활용하기 위함이다.

보상이 크면 클수록 인간의 자기 능력에 대한 의구심도 따라서 커진다. 크고 화려한 상일수록 에드워드 데밍 박사가 말한 '내재적 동기intrinsic motivation'을 위축시킨다. 데밍 박사에 따르면 사람들은 모두 자신의 일에 자부심을 갖고 싶어 하고 또 유용한 공헌을 하고 싶어 한다. 그러나 큰돈이 보상으로 주어지게 되면 사적인 이익을 추구하게 된다. 보상 자체가 목표가 되어 일에서 찾아야 하는 자극과 창의성이 억제되는 것이다. 더 나아가 한번 큰 보상을 손에 쥐게 되면 새로움을 추구하려는 내적 동기가 약해지거나 사라지는 경향도 있다.

그러나 작은 보상은 인정의 또 다른 형태다. 작은 보상은 기여한 공로에 대한 찬사의 상징으로 사람의 내적 동기를 격려하는 것에 목적을 두는 것이지 물질적 보상에 초점을 두는 것이 아니다. 사우스웨스트 항공사가 5달러짜리 식사권으로 회사에 기여한 직원의 공로를 인정하는 것도 이러한 목적이다. 직장인들에게 전달되는 동료들의 '사랑의 편지', 끝까지 버티는 아이에게 주어지는 '작은 사탕' 하나도 인정의 한 형태가 되는 것이다. **"내가 언제 인정받고 있다고 느껴지는가?"라고 친구나 동료들에게 물어보라. 대부분 상사로부터 "고마워."라는 말을 들을 때이거나 늦게까지 일하는데 누군가 커피를 가져다 준다거나 하는 작고 사소한 일들이다.**

미해군에 재직하는 군인들이 오래 견디지 못하는 가장 흔한 이유가 무엇인지 아는가? 낮은 연봉도 아니고, 바다에서 보내는 오랜 생활 탓도 아니다. 마이클 에브라소프 함장이 쓴 『그것은 당신의 배다*it's your ship*』에 따르면 바다 사나이들이 육지로 되돌아가겠다고 결심하는 가장 큰 요인은 일에서 인정을 받지 못한다는 느낌 때문이었다. 이들의 자부심을 지켜 주기 위해 많은 해군 장교들은 칭찬이나 공식적인 표창을 통해 작은 보상을 하려고 한다.

작은 보상은 일을 잘 끝냈을 때의 기쁨을 간직하게 해 준다. 우정을 유지하고 결혼생활을 이어갈 때, 유머의 감정을 담을 수 있다면 주는 자와 받는 자 모두 대등한 관계에 설 수 있다. 대부분 바쁜 일정과 경제적인 부담에 시달리고 있기에 누군가 시간을 들여 그저 "고맙다."라고 말해 주는 것만으로도 작은 보상이 될 수 있다.

내가 알고 있던 부부 중에 심장병 발병 가능성이 높은 남편을 둔 여자가 있었다. 그녀는 남편의 건강검진에 따라갔다가 의사가 남편에게 감자튀김 같은 음식 섭취를 줄이라고 충고하는 것을 들었다. 그녀는 의사의 지시를 따르는 것이 남편에게는 아주 힘든 일이라는 것을 알고 있었다. 남편에게 도와주겠다고 했지만, 그녀는 이미 스몰 스텝 전략을 알고 있었기에 새 시계를 사준다거나 하는 보상으로 남편을 힘든 싸움으로 이끌지는 않았다. 대신 남편에게 좋은 습관을 지속할 수 있도록 어떻게 동기부여를 할지 궁리했다.

아내는 남편에게 여유 시간이 없다는 것을 알았다. 부부는 두 아이를 먹이고 씻기고 재워야 했고 일에 쫓긴 남편은 집에까지 일거리를 가지고 오는 경우가 많았다. 외출한다거나 혼자 즐긴다거나 할 저녁시간이 남편에게는 없었다. 그녀는 남편에게 하고 싶은 일이 있으면 마음대로 하라고 권했다. 남편은 텔레비전이나 봤으면 좋겠다고 했다. 그래서 매일 감자튀김이나 그 비슷한 음식을 먹지 않는 대신 15분 정도 자신이 좋아하는 프로그램을 보는 것으로 부부는 합의를 봤다. 둘은 이 우스꽝스러운 합의에 웃음을 터뜨렸지만 효과는 좋았다. 식습관이 눈에 띄게 개선되었기 때문이다.

작게, 자주 보상하라

사실 작은 보상은 조금씩 바꾸기 힘든 경우에 아주 유용하다. 『개를 쏘지 마세요*Don't Shoot the Dog*』라는 책을 쓴 카렌 프라이어의 이야기는 아주 좋은 예일 수 있다. 그녀는 하루 종일 일하고 밤에는 야간 대학을 다녔다. 직장에서의 길고 긴 하루가 끝이 나고 1시간 동안 지하철을 타고 가서 3시간 강의를 듣고 다시 집으로 돌아오던 어느 날, 그녀는 직장생활이 끝난 후에 다시 강의를 들으러 간다는 것이 너무 힘들다는 것을 알았다. 그래서 그녀는 스스로가 생각해 낸 스몰 스텝 전략을 써 보기로 했다. 강의를 포기하지 않도록 하기 위해 그녀는 지하철역까지 걸어갔다 집으로 돌아가거나, 1주 혹은 2주 동안 매일 저녁 플랫폼에 그냥 서 있기 같은 전략을 사용했다. 하지만 그마저 쉽지 않은 일이었다. 그런 방식에 겨우 익숙해질 무렵이 되면 학기가 끝나 버리고는 했다.

그래서 그녀가 생각한 아이디어는 학교 가는 길을 구역별로 나누고 그에 따른 작은 보상을 하는 것이었다. 지하철역까지 걸어가기, 환승하기, 교실 계단 오르기 등등, 각 구역별 일을 완수하면 그녀는 그녀가 좋아하는 초콜릿을 스스로에게 보상으로 준 것이다. 그 결과는 그녀의 기대를 넘어섰다. 그녀가 말했다.

"몇 주가 지났을 거예요. 언제부터인가 초콜릿을 먹고 싶다는 생각도 나지 않고, '꼭 가야 돼'라는 갈등도 없이 그냥 다니고 있더라고요."

내가 애리조나 주 캐니언 랜치 온천 휴양지에서 강의를 할 때 잭 스텝이라는 이름의 사업가를 만난 적이 있다. 오랜 사업 경력으로 인해 잭은 본능적으로 스몰 스텝 전략을 알고 있었다. 단계적으로 발전시킨 그의 사업은 이미 수백만 달러 규모에 이르고 있었다. 그러나 그는 54세 때 심각한 류머티즘성 관절염에 걸려 병원 신세를 지고 말았다. 매 순간이 고통이었다. 휠체어에 앉아 무수한 진통제를 맞으면서 어떤 순간에도 운동을 하지 말라는 조언을 들어야 했다. 잭이 이 이야기를 나에게 들려줬을 때 나는 호기심이 생겼다. 나를 만났을 당시 그에겐 류머티즘 증상도 없었고 활발하게 움직일 수 있었으며 매일 운동까지 했기 때문이다. 그는 어떻게 자신의 병을 이겨 낼 수 있었을까?

그는 작은 방법과 작은 보상이 성공의 비법이라고 했다. 매일 아침 고통 속에서 일어날 때, 그는 스스로에게 그냥 침대에서 일어나면 된다고 혼잣말을 했다. 또 바로 일어서고 나면 잭은 스스로 등을 두드리듯 "잘했어. 잭!"이라고 격려했다고 한다. 짧지만 진지한 이 말이 그에게는 보상이었던 것이다. 그러고 나서 그는 또 자신에게 이렇게 말했다고 한다.

> "저 길을 따라 내려가서 체육관으로 가면 거기 직원들과 농담을 주고받을 수 있을 거야."

러닝머신에 올라서면 잭은 약 2분 동안 걷고 난 후 자신에게 칭찬과 격려를 아끼지 않았다고 한다. 이렇게 1분을 더해가고 격려를 보상으로 주면서 그는 천천히 건강을 되찾아 갔다고 한다. 내가 그를 만났을 때 그는 70대였고 그 나이로 세계 보디빌딩 콘테스트에 나가 우승을 거머쥐기까지 했다.

스몰 스텝 전략의 일환으로 보상을 주는 방법은 무수히 많다. 어떤 여성은 하기 싫은 잡일 때문에 고민이었다. 그 잡일은 하기 싫었지만 안 할 수도 없는 일이었다. 그래서 그녀는 우선 하기 싫은 잡일의 목록을 만들었다. 그리고 그녀가 하기 싫은 잡일 가운데 하나를 끝내게 되면 그날 저녁 10분 동안 뜨거운 물로 목욕하는 것을 자신에게 보상으로 주었다. 그런 식으로 그녀는 하기 싫은 잡일을 하나씩 정복해 나갔다.

금연에 대해서도 같은 방식을 적용할 수 있다. 몇 년 이상 담배를 쭉 피우던 사람이 단번에 담배를 끊기는 쉬운 일이 아니다. 그런데 대체로 담배를 피우는 사람들은 식후에 더 흡연 욕구가 강해진다. 그렇다면 우선 식후 흡연 욕구라도 줄여보는 건 어떨까? 만약 나의 소중한 남편이 식후에라도 금연을 하게 만들고 싶다면 아내가 남편더러 식후 금연에 성공했다는 내용의 전화를 하게 하거나 문자를 남기라고 할 수 있다. 성공했을 경우 아내는 남편에게 칭찬과 격려를 해 주고 퇴근하면 그에 대한 보상으로 어깨를 주물러 줄 수도 있다. 이와 같은 행동은 대단히 하찮은 듯하지만 금연에 대한 의지를 강화시켜 줄 수 있고, 약해지려는 마음을 다잡아 주는 데 아주 효과적일 수 있다.

보상이 적절할수록 인생이 즐거워진다

작은 보상을 하기 전에 생각해 봐야 할 것이 있다. 작은 보상이라도 다음의 3가지에 유의해야 한다.

❶ 작은 보상은 목표에 어울려야 한다

카렌 프라이어의 경우에서 초콜릿은 강의에 참석하기 위해 더없이 좋은 격려였다. 하지만 의사로부터 초콜릿과 같은 건강에 좋지 않은 음식은 줄여야 한다는 조언을 들은 사람에게 그 보상으로 초콜릿을 사용할 수는 없는 노릇이다. 또 담배를 끊어야 하는 사람에게 커피 등의 카페인 음료나 콜라 등의 청량음료를 보상으로 주는 것도 적절한 방법은 아니다. 그러한 음료는 흡연 욕구를 오히려 증가시킨다.

❷ 작은 보상은 그 사람에게 적절한 것이어야 한다

목표를 향해 조금씩 나아갈 때마다 칭찬을 해 주는 것은 아주 커다란 힘이 될 수 있다. 그러나 어떤 사람에게는 칭찬이 거들먹거리는 태도로 비춰질 수 있다. 내가 아는 고객 가운데 어떤 사람은 면담 일정 외에 나에게 연락하기를 주저하는 사람들이 있다. 그런 사람에게 나는 그들이 작은 일에 성공할 때마다 나에게 전화를 걸도록 하고, 나는 그에 대한 보상으로 축하를 해 준다. 하지만 이런 보상은 밤이든 낮이든 아무 때나 의사에게 전화를 걸어도 된다고 생각하는 사람에게는 의미가 없다.

다른 사람에게 맞는 보상을 찾는 일이 그렇게 쉬운 것만은 아니다. 그렇다면 다음과 같은 방법을 시도해 보는 것도 좋다. 그가 연인이거나 친구라면 이렇게 물어보라. "너는 네가 사랑받는다는 걸 어떻게 아니?" 이때 가능하면 서너 가지 답을 끌어내는 것이 좋다. 또 많은 사람들이 이런 식의 질문에 답하는 것에 익숙하지 않기 때문에 며칠 정도 시간을 주는 것도 좋다. 직장동료라면 다음과 같은 질문이 좋을 것이다. "자신이 인정받고 있다는 걸 어떻게 알죠?" 당연히 며칠 말미를 주어야 하고 여러 가지 답을 받아야 한다. 작고 언제나 이해하기 쉬운 것들이 대답으로 올 것이다.

❸ 작은 보상은 비용이 들지 않거나 적게 들어야 한다

온종일 집안일을 하는 사람에게는 하루 10분 동안 책이나 신문을 읽는 것도 보상이 된다. 내가 아는 전업주부들은 텔레비전 앞에서 잠깐 쉬고 싶어도 집안일을 해야 한다는 강박에 쫓긴다. 몸무게를 줄이는 것이 목표인 사람에게 나는 보통 텔레비전을 보면서 잠깐씩이라도 운동해 보라고 권유하는데, 그런 방식 자체가 일종의 보상일 수도 있다.

만약 스스로에게 신랄하게 비판을 가하는 성향이라면, 보상으로 스스로에게 칭찬을 해 주는 것도 시도해 볼 만하다. 목욕하기, 산책하기, 좋아하는 음악 연주하기, 친구에 전화하기, 마사지 받기, 침대에서 모닝커피를 마시는 것도 보상이 될 수 있다. 그래서 UTCUnited Technologies Corporation라는 회사의 다음과 같은 광고 문구는 감동적이기까지 하다.

우리들 대부분은 퓰리처상, 노벨상, 오스카상, 에미상 등과 같은 큰 상을 받을 기회가 없다. 하지만 우리 모두는 작은 즐거움을 누릴 자격 정도는 갖고 있다. 칭찬과 키스, 4파운드짜리 농어 요리, 보름달, 빈 주차 공간, 모닥불, 멋진 요리, 아름다운 노을, 뜨거운 스프, 찬 맥주 등. 큰 보상이 주어지지 않는다고 초초해하지 말자. 작은 것들부터 즐기자. 그것만 해도 너무 많다.

7장

인생을 빛나게 만드는
'작은 순간'의 힘

스몰 스텝 전략은 속도가 느려야 하고
작은 순간의 진가를 알아볼 수 있어야 한다.
이를 통해 우리는 창의적인 도약과 끈끈한 유대관계,
위대한 성취로 나아가는 힘을 얻을 수 있다.

참된 창조자는
항상 흔해 빠지고 하찮은 것에
주목할 만한 가치를 발견하는 사람이다.
_ 이고르 스트라빈스키

작은 순간이 모여
결정적 순간이 된다

윌리엄 맥닐의 책 『전염병과 사람들*Plagues and Peoples*』에는 스몰 스텝 전략의 예가 될 만한 이야기가 있다. 그는 책에서 전염병이야말로 우리 인간의 역사에서 다른 어떤 요소보다 극적인 변화를 불러일으킨 요인이었다고 한다.

다른 사람도 마찬가지겠지만, 나는 치료법이란 병에 걸린 사람을 진찰하면서 이런저런 약재를 만들고 실험해 마침내 그 사람을 낫게 했을 때 비로소 개발되는 것이라 생각했다. 하지만 많은 전염병들이 전혀 다른 방식으로 치료되었다.

예컨대 역사상 가장 많은 목숨을 앗아간 천연두는 에드워드 제너라는 영국 의사 덕분에 치료법을 찾을 수 있게 되었는데 그는 소젖을 짜는 여인은 천연두에 감염되지 않는다는 사실에 주목했다. 처음엔 누구도 그의 주장에 관심을 보이지 않았다. 다른 이들도 제너가 알게 된 이 우연 같은 사실을 오래전부터 알고 있었기 때문이다. 그들은 더 큰 걱정거리에 매여 제너처럼 생각하지 못했다. 그러나 제너는 이 평범한 사실에 주목하여 혁명적인 치료법을 만들었다.

제너는 소젖을 짜는 여인들이 오래전 우두에 걸렸을 것이라고 추정했다. 그 때문에 우두와 흡사한 천연두에 노출되어도 면역성을 보이는 것으로 생각한 것이다. 그의 이 추측은 백신을 만드는 현대 기법과 완벽하게 일치한다. 콜레라, 말라리아를 비롯한 다른 전염병들도 이와 같은 방식으로 치료법이 개발되었기 때문이다.

제너의 이 이야기는 변화와 진보는 순간적인 깨우침을 통해 도약하는 것이라는 대중적인 믿음과 반대되는 것이다. 많은 철학자, 과학자, 예술가들이 신으로부터 영감이 오기를 기다리며 다락방에서 고통스러울 정도로 오랜 시간 동안 갇혀 있다가 마침내 "유레카!"라고 외치는 것이 아닌 것이다. **진보의 위대한 순간은 아주 작은 것에 주의를 기울이는 평범한 일상으로부터 시작된다. 평범하기는커녕 지루하기까지 한 것에 혁명적인 변화의 씨앗이 숨어 있는 것이다.** 아주 작은 순간에 주의를 기울이는 것은 말처럼 쉽지 않다. 이렇게 하려면 배려, 상상력, 호기심이 필요하다. 다음은 작은 순간들이 어떻게 혁명을 일으켰는지에 대한 사례들이다.

- 아메리카 항공사의 한 승무원은 많은 승객들이 샐러드에 있는 올리브를 먹지 않는다는 것을 알았다. 그는 이 사실이 유용할 수도 있다고 생각해서 상부에 보고를 올렸다. 조사에 들어간 항공사는 다음과 같은 사실을 알아냈다. 샐러드는 안에 들어간 재료의 개수에 따라 가격이 달랐다. 재료가 하나에서 네 가지가 되는 샐러드는 다섯에서 여덟 가지가 되는 샐러드보다 가격이 낮았다. 올리브는 다섯 번째 재료에 해당했다. 승객들은 어차피 올리브를 먹지 않았기 때문에 올리브를 빼더라도 가격은 그대로 유지할 수 있었다. 항공사는 올리브를 빼고 네 가지 재료로 된 샐러드로 교체함으로써 매년 50만 달러를 절약할 수 있게 되었다.

- 3M 회사 대표는 한 고객으로부터 사포 만드는 데 쓰이는 '돌가루' 샘플을 받을 수 있겠느냐는 편지를 받았다. 윌리엄 맥나잇 대표는 이 이상한 요청에 호기심이 생겨 그 고객에게 거꾸로 용도를 되물었다. 이때 얻은 정보와 협력을 바탕으로 방수 사포 등과 같은 여러 제품이 개발되었으며 이것은 3M을 세계적인 기업으로 만드는 초석이 되었다.

- 1892년 아메리칸 익스프레스 회장 J.C. 파고는 필요할 때 현금으로 바꿀 수 있는 신용장을 갖고 유럽을 여행 중이었다. 그 당시 신용장은 여행할 때 유용한 수단이었지만 제약이 있었다. 파고 회장은 후에 이렇게 말했다. "인적이 드문 곳으로 가는 순간 신용장은 젖은 포장지처럼 쓸모가 없게 되었습니다. 아메리칸 익스프레스 회장이 이런 고충을 겪는다면 평범한 여행객들은 어떻겠어요? 뭔가 새로운 게 있어야 했어요." 이 불편함을 해소하기 위해 그가 만들어 낸 것이 여행자 수표다. 오늘날엔 신용카드로 대체되었지만 당시엔 혁명적인 발상이었다.

- 스위스 기술자 조르주 드 메스트랄은 개와 산책하다 개의 털

과 옷에 자꾸 엉겅퀴가 달라 붙는 것을 보았다. 그는 이 엉겅퀴에 성가심이나 짜증이 일어나기보다 호기심이 일었다. 이 사소한 하루가 벨크로(우리가 흔히 찍찍이라고 부르는 단추)의 발명으로 이어졌다.

- 주점을 경영하는 데이비드 골드는 이미 소매상들에게 잘 알려진 사실에 특별한 관심을 기울였다. "99센트에 판다고 하면 뭐든 날개 돋친 듯 팔린다. 99센트는 마법의 숫자다. 그렇다면 모든 상품이 품질도 좋고 모두 99센트에 판다고 하면 재밌지 않을까?" 골드는 99센트체인점을 만들었고 현재 그 체인점은 332개에 달한다.

- 에드윈 랜드라는 발명가는 가족과 함께 휴가 중이었다. 그가 세 살 난 딸의 사진을 찍었을 때 딸은 바로 그 자리에서 사진을 볼 수 있을 것이라 기대하고 있었다. 그는 딸의 성급함을 아이답다거나 비현실적이라고 여기지 않았다. 랜드는 거기서 가능성을 보았다. 5년 후 그는 즉석카메라를 발명했다.

커다란 행복은 작은 기쁨에서 시작된다

당신이 수백만 달러 사업을 시작하기 위해 스몰 스텝 전략을 사용하는 것에는 관심이 없을지라도 작은 순간들에 대한 관심은 우리의 심리적 장벽을 응시하는 데 도움이 된다. 경찰관이라는 직업을 싫어했지만 다른 직업을 찾을 생각도 하지 못했던 조지의 사례를 보자.

나는 조지에게 경찰관을 하면서 즐거웠던 순간 하나만 얘기해 보라고 매일 주문을 했다. 그는 작은 순간들을 기록하면서 어떤 패턴이 있음을 알았다. 조지는 순찰차에서 범죄자들과 얘기를 나누면서 그들이 가진 문제를 듣고 조언을 해 줄 때가 가장 즐거웠다고 했다. 심지어 죄수가 형량을 선고받고 감옥에 간 후 그를 찾아가는 것도 좋았다고 했다. 오래지 않아 조지는 자신이 뭘 원하는지 알 수 있게 되었다. 그는 카운슬러가 되고 싶었던 것이다. 조지는 얼마 지나지 않아 심리학 학사과정을 밟게 되었다. 새로운 직업을 갖게 되면 경찰 일도 좋은 경험이 될 것 같다고 생각하니 경찰관으로서 하는 일도 훨씬 즐거워졌다고 한다.

변화를 계획하고 있는데 일상이 너무 지루하고 여유도 없고 갇혀 있는 것만 같다면 주위를 둘러보고 숨어 있는 작은 기쁨의 순간들을 찾아야 한다. 건강한 습관을 들이는 데 성공한 사람들은 잘 먹고 운동하는 것을 흥분과 자부심의 원천으로 바꿀 수 있었던 사람이다. 고객들이 오히려 나를 가르칠 때가 있다. 다른 목표를 이루려고 할 때도 마찬가지라는 것이다. 날씬한 몸매에 어울리는 옷을 입어야만, 결혼생활이 즐겁고 활기차야만, 먹고 싶은 음식을 돈 걱정하지 않고 먹을 수 있어야만 행복할 수 있다고 생각하지 말라. 변화의 순간이 가져오는 즐거움에 집중해야 한다. 아무리 힘겹고 어려운 삶 속에서도 우리들 대부분은 적어도 즐거웠던 순간 하나 정도는 떠올릴 수 있다. "글쎄, 오늘 걷다 보니 우리 동네 정말 예쁘더라"고 말할 수도 있고, "오늘 사과를 먹는데 우리 삼촌 과수원에서 일하던 게 떠오르더군. 그때 정말 재미있었는데."라고 말할 수도 있다.

작은 순간을 알아보려면 호기심과 열린 마음이 있어야 한다. 이 두 가지 능력을 배양하면 자기 내부에 잠재된 창의력을 인식할 수 있는 힘도 커진다. 감정적으로 흥분되는 상황에서도 열린 마음과 장난기를 유지하면서 다음 4단계를 따라해 보자.

1. '낙태', '총기 규제', '학교 급식'처럼 정치, 사회적 이슈에 있어 당신과 반대되는 의견을 가진 사람을 찾아라. 친구나 가족보다는 낯선 사람일수록 좋다. 옆자리 승객처럼 말이다.
2. 그 사람과 대화를 하되 당신은 오직 하나에만 집중하자. 그의 관점에서 이해하고, 그 타당성을 발견하는 것이다.
3. 논쟁하지도 말고 설득하려고도 하지 말고 판단하려고도 하지 말라.
4. 그가 여유 있는 태도를 드러내며 점점 더 말이 많아진다면 당신은 성공한 것이다.

존 가트맨 박사가 워싱턴대학 심리학과 교수로 재직할 당시 한 가지 실험을 했다. 실험을 지원한 커플들에게 특별히 제작된 아파트로 들어가 하루 동안 살게 했다. 아파트는 실험 참가자들의 자연스런 행동과 대화를 관찰하기 위해 특별히 제작된 곳이었다. 민감한 영역이나 논쟁이 될 만한 문제에 대해 토론하면서 나타나는 생물학적 변화를 기록하기 위해 참가자들은 주기적으로 모니터에 접속을 해야 했다. 이 실험은 과학적으로 비전통적인 방식이었지만 결과만큼은 흥미로웠다. 실험을 토대로 가트맨 박사는 놀라운 결과를 발견했다. 어떤 커플들이 결혼해서 행복하게 살지, 아니면 불행할지, 4년 안에 이혼을 할지 예견할 수 있었는데, 그 정확도가 무려 93%에 달했다.

이 연구에서 가장 중요한 발견은 **성공적인 관계를 이어가려면 하루를 기준으로 했을 때 긍정적인 상호관계와 부정적 상호관계의 비율이 5:1이어야 한다는 것이다.** 여기서 말하는 긍정적 상호관계란 화려한 생일파티를 열어 주거나, 꿈에 그리는 집을 사 주거나 하는 것이 아니다. 아주 작은 몸짓 같은 것이다. 예를 들어 업무 중에 상대에게서 전화가 오더라도 짜증내지 않고 부드러운 목소리로 전화를 받는다거나, 하루 일과가 끝난 후 하루 동안 상대에게 일어난 일에 대해 묻거나, 약속 시간에 늦을 경우 미리 연락을 해서 친절하게 사정 설명을 하는 것과 같은 것이다. 낭만적인 휴가나 값비싼 선물이 아니라 이러한 작은 순간들이 사랑과 신뢰를 가리키는 진짜 신호가 된다. 또 이렇게 작은 것들이 바로 지속적인 관심과 보살핌을 의미하는 것이다.

상대방의 작은 면에, 또 긍정적인 면에 관심을 기울이도록 하자. 결점을 찾아 비난하지 말고, 해외여행이나 화려한 선물 같은 것을 기대하지 말고, 그 사람의 작은 몸짓, 기분 좋은 목소리, 다정한 손길에서 고마움을 찾아야 한다.

많은 사람들이 이 과정에서 저지르는 한 가지 실수가 있다. 상대가 어떤 행동을 해야 칭찬을 하는 것이다. "당신 정말 요리 잘하는데.", "울타리 손보는 솜씨가 보통이 아닌 걸." 하지만 이처럼 뭔가 해줄 때만 칭찬을 받는다면 그것은 일종의 거래 관계나 다름없다. 어떤 행동이 없어도 매일 상대방의 성격이든, 외모든 칭찬할 수 있는 순간을 찾아야 한다. "오늘 아침 당신 머리 모양이 참 예쁘네.", "영화 보러 가면서 그렇게 들뜬 모습이 어찌나 귀엽던지." 이런 작고 소소한 곳에 관심을 기울인다면 상대는 자신이 밥을 해 주기 때문이 아니라, 또는 돈을 벌어 오기 때문이 아니라 하나의 인격체로서 사랑받는다는 느낌이 들 것이다.

에필로그

우리는 모두 위대한 잠재력을 가지고 있다

나는 이제 당신이 목표를 달성하고 문제적 행동을 고칠 수 있는 가장 강력한 방법이 스몰 스텝 전략임을 확신할 것이라 믿는다. 스몰 스텝 전략은 믿음을 필요로 한다. 이 믿음은 종교적 믿음이나 무조건적인 신념을 의미하는 것이 아니다. 여기서 믿음이란 우리의 몸과 머리에는 우리가 필요로 하고 원하는 곳을 갈 수 있는 힘이 있다는 믿음을 말한다. 스몰 스텝 전략을 이용해 마음의 방향만 설정해 놓으면 나머지는 마음이 알아서 한다.

이런 신념을 만들기 위해선 도전에 직면했을 때 부드럽고 인내심 많은 태도를 견지해야 한다. 도전이 겉보기에 극복할 수 없을 것처럼 보일지라도, 지루할 정도로 재미없는 것일지라도 상관없다. 엄격한 건강관리를 통해 내 생활을 개선시키고 싶다면 치실로 치아 한두 개 닦는 것으로 시작하거나 식사하기 전에 손을 씻는 것부터 시작하는 것이다.

더 행복하고 더 평화롭고 싶다면, 운전할 때 내 앞 차를 위해 더 많은 공간을 주고 그들을 배려하는 것에서부터 시작해야 한다. 인생에 있어 더 많은 사랑을 받고 싶다면, 친구나 아는 사람, 혹은 낯선 이를 위해 매일 작지만 사랑이 담긴 행동부터 해야 한다. 창의력을 갖고 싶다면 매일 작은 질문을 던진 후 믿음을 갖고 답을 기다려야 한다. 신병훈련소에 입소한 것처럼 거칠게 몰아붙이지 말고 우리 마음에게도 자기만의 시간과 일정을 가질 수 있도록 여유를 주어야 하는 것이다.

스몰 스텝은 승진, 체중감량, 건강증진, 기타 다른 목표를 달성하는 데 아주 강한 힘을 가지고 있다. 그러나 스몰 스텝은 결승선을 통과하기 위해 사용하는 도구 이상의 의미도 함께 지니고 있다. 스몰 스텝은 결코 끝이 나지 않는 과정이다. 목표를 이루었다고 장롱에 넣어 두는 것이 아니다. 스몰 스텝은 우리의 삶을 지속적인 발전으로, 한 층 더 높은 기준으로, 끝없이 넓어지는 잠재력의 세계로 이끌어 갈 것이다.

마라토너가 자신의 기록을 단축하기 위해 끊임없이 방법을 찾아가듯 우리도 우리의 모습을 다듬어 가는 방법을 끊임없이 탐구해야 한다. 아이가 예술적, 지적으로 성장해 가는 놀라운 모습을 보고 싶다면 당신은 아이가 배우는 기쁨을 발견할 수 있도록 도와줘야 한다. 매일 친절한 말을 적어 아이의 서류가방이나 도시락에 넣어 주라. 하루에 1~2분만 그렇게 투자를 해도 애정어린 돌봄과 배려의 부족으로 소원해진 관계를 풀어 나갈 수 있다. 건강을 유지하고 싶다면 계단을 오르내리고 몸에 해로운 칼로리를 접시에서 덜어 내는 아주 작은 행동에서 즐거움을 느껴야 한다.

정말 원하는 것이 세상을 달라지게 하는 것이라면 우리들 중 몇몇이라도 작은 것이 중요하다는 신념과 함께 변화해야 한다. 타인과의 짧은 만남조차도 본질적으로 중요하다. 스몰 스텝은 작은 친철과 배려와 호기심으로 그 가능성을 열어 준다. 우리가 우리 자신을 바꿀 수 있다면 궁극적으로는 인간성도 바꿀 수 있다. 배려란 중요한 사람과 일을 위해 비축해 두는 것이 아니다. 그것은 아이들이 우리를 화나게 할 때나 직원들이 작은 칭찬을 바랄 때 자유롭게 쓰기 위해 존재하는 것이다. 건강과 인간관계를 위해 작은 행동을 옮기는 것을 통해 우리는 우리 스스로를 존중할 수 있다. 또 배려가 담긴 작은 질문을 타인에게 던지는 것만으로도 타인을 존중할 수 있다. 결코 쉬운 일은 아니지만 당신만이 어떻게 변화할 것인가를 결정할 수 있다. 스몰 스텝을 당신의 일상에 결합해 그 힘을 발견하라. 이제 당신은 다음과 같은 심오한 질문을 던져야 한다.

매 순간 자신의 가능성을 이끌어 내는 것보다

인생에 있어 더 중요한 것이 있는가?

역자 후기

고등학교 1학년 시절 공부에 흥미가 없었던 나는 학업 성적이 썩 좋질 못했다. 특히 영어 성적은 말이 아니었는데, 고등학교 2학년이 되었을 때 첫 대입모의고사에서 영어 점수가 55점 만점에 16점에 불과했다. 100점 만점으로 환산을 하면 40점도 못 받은 것이니 낙제 수준이라 할 만했다. 너무 낮은 점수에 나 스스로도 놀랐지만 고등학교 1학년을 공부도 하지 않은 채 흘려 보냈으니 당연한 결과였다. 하지만 1년만 있으면 고3으로 대입시험을 치러야 하는데 그냥 있을 수는 없는 일이었다. '너무 늦지 않았을까' 하는 불안감이 엄습했지만 그렇다고 포기할 수도 없었고 어쨌든 다시 영어 공부를 해 보기로 결심했다.

학력고사 세대라면 잘 알겠지만 영어 공부와 관련한 당시의 교실 풍경은 이랬다. 소위 SKY라고 불리는 서울대, 연대, 고대 등을 포함하여 이름깨나 있는 대학을 목표로 하는 학생들은 『성문종합영어』라는 책을 붙들고 있었고, 그저 4년제 대학이라면 어떤 곳이라도 괜찮다는 학생들은 『성문기본영어』를 공부하고 있었다. 비록 영어 성적은 말이 아니었지만 괜찮은 대학에 가고 싶은 욕심에 나는 『성문종합영어』를 펼쳐 들었다.

그런데 웬걸! 모르는 단어가 개미떼처럼 엄습했다. 이래가지곤 책 하나 읽는 데 1년은 걸릴 듯했다. 차선책을 찾아야 했다. 하지만 실력도 없으면서 『성문기본영어』로 한 단계 낮추는 것은 마뜩치가 않았다. 그래서 선택한 것이 같은 종합서이지만 사이비 취급을 받았던 비주류 영어책 『맨투맨 종합영어』였다. 『성문종합영어』처럼 영어의 모든 것을 담고 있는 듯한 그 책은 『성문종합영어』보다 판형도 글씨도 훨씬 컸고, 국어책처럼 설명도 친절해서 언뜻 만만해 보였다. 하지만 그 또한 나의 실력을 무시한 무리한 도전이었고, 하는 수 없이 『성문기본영어』로 단계를 하나 낮추었지만, 그 책조차도 나에겐 어려웠다.

그렇게 좌절과 절망에 빠져 이제 어떻게 영어 공부를 해야 하나 고민하고 있을 때 우연히 만난 책이 '빨간기본영어'였다. 책

이름은 그냥 『기본영어』인데 책 표지가 온통 빨간 색으로 돼 있어서 학생들은 그 책을 빨간기본영어라 불렀다. 당시의 기준으로 봐도 새빨간 표지는 매우 촌스럽게 보였고, 뒤표지에는 "공부는 체력이다."라는 슬로건에다가 체력을 키우는 10가지 생활 수칙(예를 들면 냉수마찰하기, 밥은 꼭 씹어 먹자, 물을 자주 마시자 등등) 같은 것이 나열된 있었던 걸로 기억된다(지금 기준으로 보면 엽기적으로 보일 수도 있을 만한 책이다).

하지만 그 책을 집어 들기가 쉽지는 않았다. 그 책은 중학교 수준의 어휘로만 구성되어 있어서 중학생을 위한 문법책으로 낙인 찍혀 있었기 때문이다. 영어 공부를 포기한 것이 아니라면 최소 『성문기본영어』를 들고 있어야 할 고등학교 2학년 학생이, 게다가 공부를 잘하든 못하든 『성문종합영어』나 『맨투맨 종합영어』를 붙들고 씨름하는 친구들 사이에서 중딩 수준의 문법책을 여보란 듯이 펼쳐 보이는 것은 "나 진짜로 영어 못해요. 괜찮은 대학은 포기했어요."라고 떠벌리는 것과 같았다. 하지만 어쩌랴. 그것이 나의 수준인 것을.

자존심과 현실 사이에서 나는 현실을 선택했다. 대신 빨간영어책을 드러내 놓고 공부하기는 창피하여 나는 빨간영어책의 내용을 잠들기 전 매일 30분씩 공책에 옮겨 적었다. 그리고 야간자

습시간에 그 공책으로 공부를 했다. 빨간영어책에 나오는 단어는 굳이 사전을 찾을 필요가 없을 정도로 쉬웠다(물론 몇몇 단어는 찾아야 했지만). 단어의 뜻을 찾아 헤매느라 뇌가 고생할 필요가 없었으니 영문법을 숙지하는 속도가 빨라졌고, 책의 내용이 너무나 쉬워서 재미가 붙기 시작했다. 실력이 붙는 속도가 어땠는지는 모르겠으나 분명한 것은 점점 내가 영어에 재미를 붙여 가기 시작했다는 사실이다.

영어에 재미와 자신감이 붙자 진도에 대한 욕심이 생기기 시작했다. 물론 그 욕심은 한편으론 영어 공부의 진도가 느린 것은 아닐까 하는 불안감의 반영이기도 했다. 그래서 강구한 방법이 학교 진도와 빨간영어책을 엮는 것이었다. 당시 영어 선생님께서는 부교재로 『영어의 맥』이라는 참고서를 사용하고 있었는데 나는 수업의 진도와 빨간영어책의 내용을 맞춰가며 공부를 했다. 영어 선생님께서 동명사 부분을 설명하면, 나는 빨간영어책의 동명사 부분을 펼쳐 공부했고, 선생님께서 분사구문을 설명하면 빨간영어책의 분사구문을 펼쳐 공부하는 식이었다.

하지만 불안감은 계속해서 엄습했다. 내가 지금 제대로 하고 있는 걸까? 이거 너무 쉽게만 공부하고 있는 건 아닐까? 내 친구들은 과실이 가득한 종합영어의 숲에서 놀고 있는데 나는 잡풀 하나 보기 힘든 휑뎅그렁한 사막에서 놀고 있는 건 아닐까? 그래도 어쨌든 가기로 한 길이었고 재미도 있었고 진도도 나갔기 때문에 나는 7개월 동안 계속 빨간영어책을 필사했고, 그 분량은 두툼한 스프링노트 3권에 달했다.

또 다시 찾아온 2학년 2학기 모의고사! 하지만 나의 점수는 많이 오르지 않았다. 10점대의 점수가 20점대의 점수로 바뀐 것이 전부였다. 하지만 그 점수에 실망하지도 절망하지도 않았다. 나는 이미 바뀌고 있었고, 영어 공부에 재미도 붙었고, 비록 10점이지만 성적도 올랐으니까.

기적은 고등학교 3학년 첫 모의고사에서 일어났다. 55점 만점에 48점! 학생 모두가 두려워하는 듣기 문제가 4개였는데, 그 중에서 3개가 틀렸으니 나머지 문제만 놓고 보자면 51점 만점에 47점! 100점 만점으로 환산하면 95점! 나는 나의 점수를 믿을 수가 없었다. 내가 너무 잘 찍은 게 아닐까? 그래, 가끔은 찍는 것마다 맞을 때도 있지. 그럼 다음 시험에서 점수가 확 깎이는 게 아닐까? 하지만 그것은 기우에 불과했다. 이후에도 나는 그 점수대를 그대로 유지했으니 말이다.

당연하게도 이 얘기를 하는 것은 자랑하기 위함이 아니다(만약 이걸 자랑이라고 했다면 전국의 수많은 영어 선생님과 실력자들로부터 돌을 맞을 일이다). 오히려 조금은 민망하고 창피해 보일 수도 있는 개인사를 떠벌린 것은 『아주 작은 반복의 힘』을 읽으면서 그때가 계속 떠올랐기 때문이다. '소 뒷걸음질 치다 쥐 잡는다'는 식으로 18살의 학생이 자신도 모르게 이 책의 저자가 제시한 스몰 스텝 전략을 구사했던 것이다.

예전에 '단순하게 살아라'라는 주제의 책을 접한 적이 있다. 그런데 그 책의 내용을 보면 책의 제목과는 달리, 단순하게 살기 위해 구사하는 전략이 매우 복잡했다. 그래서 나는 책의 제목만 기분 좋게 받아들이고 그 복잡한 내용은 그냥 잊어버리기로 했다. 헌데 지금 내가 번역한 이 책 또한 단순한 전략, 그것도 아주 단순한 전략을 구사하라고 말한다. 어떤 일이든 너무 쉬워서 실패할 수 없을 정도로 작게 시작하면 궁극에는 성공에 이를 것이라고 말이다. 그것이 과연 맞는 말이고, 가능한 일일까? 솔직히 너무 단순한 전략이라 믿기지 않았다. 하지만 번역을 끝내고 책을 덮는 순간 나는 저자에게 찬사를 보내지 않을 수 없었다. 그는 자신의 논리를 환자나 고객을 통해 임상적으로 증명했고, 그 논리에는 빈틈이 없었다. 독자보다 먼저 이 책을 만난 나는 독자보다 먼저 아주 작게 시작하는 것의 혜택을 누리고 있다.

이 책을 사랑하는 조카 서윤이에게 보여 주고 싶다. 책이 나올 때쯤 북한군뿐만 아니라 외계인도 무서워한다는 중학교 2학년 학생이 되는 서윤이는, 그러나 현실에서는 삶이 조금씩 더 힘들어진다는 것을, 뜻대로 되는 것보다 되지 않는 것이 많다는 것을 경험하게 될 것이다. 하지만 서윤이가 이 책을 읽고 나면 인생은 급하게 서두를 필요도 없고, 처음부터 원대하고 창대한 목표를 잡지 않고도 행복하게 살 수 있다는 것을 깨달을지 모른다. 또 해낼 수 있는 아주 작은 것들을 하나씩 단계적으로 성취해 나가면서 결국에는 자신의 꿈을 이룰지도 모른다.

인생에서 중요한 것은 속도가 아니라 방향이라는 말이 있다. 이 책을 읽는 당신이 직장인이든 학생이든 주부든 기업경영자이든 선생님이든 자영업자이든 그 누구든 이 책으로부터 위로를 얻고 지침을 얻어 속도에 매몰되지 않고 행복하게 살 수 있는 길을 발견하게 되기를 진심으로 바란다.

끝까지 계속하게 만드는

아주 작은 반복의 힘

1판 1쇄 발행 2016년 03월 02일
2판 5쇄 발행 2024년 12월 03일

지은이 로버트 마우어
옮긴이 장원철
펴낸이 이부연

펴낸곳 (주)스몰빅미디어
출판등록 제300-2015-157호(2015년 10월 19일)
주소 서울시 종로구 내수동 새문안로3길 30, 세종로대우빌딩 916호
전화번호 02-722-2260
인쇄·제본 갑우문화사
용지 신광지류유통

ISBN 979-11-91731-35-4 (03190)